Recht – Schnell erfasst

Weitere Bände siehe
http://www.springer.com/series/3296

Ralph Jürgen Bährle

Vereinsrecht – Schnell erfasst

2. Auflage

Reihenherausgeber
Dr. Detlef Kröger
Buch, Deutschland

Claas Hanken
Achim, Deutschland

Autor
Ralph Jürgen Bährle
Rechtsanwälte Bährle & Partner
Nothweiler, Deutschland

ISSN 1431-7559
Recht – Schnell erfasst
ISBN 978-3-662-53756-5   ISBN 978-3-662-53757-2 (eBook)
DOI 10.1007/978-3-662-53757-2

Die Deutsche Nationalbibliothek verzeichnet diese Publikation in der Deutschen Nationalbibliografie; detaillierte bibliografische Daten sind im Internet über http://dnb.d-nb.de abrufbar.

© Springer-Verlag GmbH Deutschland 2010, 2017
Das Werk einschließlich aller seiner Teile ist urheberrechtlich geschützt. Jede Verwertung, die nicht ausdrücklich vom Urheberrechtsgesetz zugelassen ist, bedarf der vorherigen Zustimmung des Verlags. Das gilt insbesondere für Vervielfältigungen, Bearbeitungen, Übersetzungen, Mikroverfilmungen und die Einspeicherung und Verarbeitung in elektronischen Systemen.
Die Wiedergabe von Gebrauchsnamen, Handelsnamen, Warenbezeichnungen usw. in diesem Werk berechtigt auch ohne besondere Kennzeichnung nicht zu der Annahme, dass solche Namen im Sinne der Warenzeichen- und Markenschutz-Gesetzgebung als frei zu betrachten wären und daher von jedermann benutzt werden dürften.
Der Verlag, die Autoren und die Herausgeber gehen davon aus, dass die Angaben und Informationen in diesem Werk zum Zeitpunkt der Veröffentlichung vollständig und korrekt sind. Weder der Verlag noch die Autoren oder die Herausgeber übernehmen, ausdrücklich oder implizit, Gewähr für den Inhalt des Werkes, etwaige Fehler oder Äußerungen.

Gedruckt auf säurefreiem und chlorfrei gebleichtem Papier

Springer ist Teil von Springer Nature
Die eingetragene Gesellschaft ist Springer-Verlag GmbH Deutschland
Die Anschrift der Gesellschaft ist: Heidelberger Platz 3, 14197 Berlin, Germany

Vorwort zur zweiten Auflage

Dieses Buch ist als Einstieg in das Vereinsrecht gedacht. Es befasst sich nicht mit Einzelproblemen, sondern beschränkt sich auf die Darstellung der Grundzüge der einschlägigen gesetzlichen Vorschriften sowie der Vereinsstrukturen.

Dem an einer Vereinsmitgliedschaft Interessierten verschafft dieses Buch einen Überblick über seine Rechte und Pflichten als Vereinsmitglied. Wer einen Verein gründen möchte, findet Hinweise, worauf zu achten ist, welche Vereinstypen es gibt und welche Stellung ein Verein im Rechtsverkehr einnimmt.

Dieses Buch möchte Ihnen die Grundlagen vermitteln, die Sie benötigen, wenn Sie – als Mitglied oder als Vorstand eines Vereins – auf konkrete Probleme bei der Vereinsarbeit stoßen.

Ralph Jürgen Bährle
Nothweiler, im August 2016

Inhaltsverzeichnis

1	**Einführung**	1
1.1	Verein – was ist das?	2
1.2	Der Verein als Grundform der privatrechtlichen Körperschaften	3
1.3	Arten von Vereinen	4
1.3.1	Wirtschaftlicher Verein	4
1.3.2	Nicht wirtschaftlicher Verein	5
1.3.3	Rechtsfähige und nicht rechtsfähige Vereine	7
1.4	Privates Vereinsrecht und öffentliches Vereinsrecht	8
1.5	Zusammenfassung	10
1.6	Wiederholungsfragen	10
2	**Der rechtsfähige Verein**	13
2.1	Wie ein rechtsfähiger Verein entsteht	15
2.1.1	Vorgründungsgesellschaft	15
2.1.2	Die Vereinsgründung	17
2.1.3	Der Vorverein	19
2.1.4	Die Rechtsfähigkeit	20
2.1.5	Die Anmeldung zum Vereinsregister	21
2.1.6	Muster	24
2.1.7	Wiederholungsfragen	24
2.2	Welches Recht gilt für den Verein?	25
2.2.1	Staatliches Verfassungsrecht	25
2.2.2	Vereinsverfassung	26
2.2.3	Vereinssatzung	27
2.2.4	Vereinsordnung	31
2.2.5	Satzungsänderungen	32
2.2.6	Zusammenfassung	34
2.2.7	Wiederholungsfragen	35
2.3	Die Mitgliedschaft im Verein	35
2.3.1	Das Wesen der Mitgliedschaft	35
2.3.2	Arten von Mitgliedschaften	36
2.3.3	Rechte der Mitglieder	39
2.3.4	Pflichten der Mitglieder	42
2.3.5	Wie wird man Mitglied?	44
2.3.6	Anspruch auf Aufnahme in den Verein	45
2.3.7	Beendigung der Mitgliedschaft	45
2.3.8	Ausschluss aus dem Verein	47
2.3.9	Zusammenfassung	49
2.3.10	Wiederholungsfragen	49
2.4	Die Vereinsorgane	50
2.4.1	Welche Vereinsorgane gibt es?	50
2.4.2	Mitgliederversammlung	51

2.4.3	Vorstand	56
2.4.4	Sonstige Vereinsorgane	60
2.4.5	Zusammenfassung	62
2.4.6	Wiederholungsfragen	63
2.5	**Durchsetzung der Ordnung im Verein**	64
2.5.1	Satzungsgemäße Grundlagen	64
2.5.2	Ordnungsmittel: Vereinsstrafe	65
2.5.3	Ausschluss aus dem Verein	67
2.5.4	Organe zur Durchsetzung der Vereinsordnung	67
2.5.5	Zusammenfassung	69
2.5.6	Wiederholungsfragen	70
2.6	**Vereinsstreitigkeiten vor Gericht**	70
2.7	**Haftungsfragen**	74
2.7.1	Die Organhaftung	74
2.7.2	Die Haftung des Vereins für seine Angestellten und seine Mitglieder	77
2.7.3	Zusammenfassung	78
2.7.4	Wiederholungsfragen	79
2.8	**Das Ende der rechtsfähigen Vereins**	79
2.8.1	Auflösung des Vereins	79
2.8.2	Verlust der Rechtsfähigkeit	82
2.8.3	Folgen der Auflösung	83
2.8.4	Zusammenfassung	88
2.8.5	Wiederholungsfragen	88
2.9	**Das Vereinsschiedsgericht**	89
2.9.1	Schiedsfähigkeit und Schiedsgericht	91
2.9.2	Die Schiedsverhandlung	94
2.9.3	Muster Schiedsgerichtsvereinbarung	99
2.9.4	Wiederholungsfragen	102
3	**Der nicht rechtsfähige Verein**	**103**
3.1	Rechtsgrundlagen	104
3.1.1	Anwendbare Gesetze	105
3.1.2	Satzungsrecht	107
3.2	**Organe des Vereins**	107
3.2.1	Vorstand	107
3.2.2	Die Mitgliederversammlung	109
3.2.3	Weitere Vereinsorgane	109
3.3	**Mitgliedschaft**	109
3.3.1	Erwerb und Verlust der Mitgliedschaft	110
3.3.2	Inhalt der Mitgliedschaft	110
3.4	**Vermögen und Haftung des Vereins**	111
3.5	**Ende des Vereins**	113
3.6	**Zusammenfassung**	114
3.7	**Wiederholungsfragen**	114

Inhaltsverzeichnis

4	**Gemeinnützige Vereine**	117
4.1	**Voraussetzungen**	118
4.1.1	Satzungsinhalt	118
4.1.2	Dauerhaftigkeit	119
4.1.3	Unmittelbarkeit	119
4.1.4	Ausschließlichkeit	120
4.2	**Gemeinnützige Zwecke im Sinne von § 52 AO**	121
4.2.1	Wissenschaft und Forschung	123
4.2.2	Bildung und Erziehung	123
4.2.3	Kunst und Kultur	124
4.2.4	Religion	124
4.2.5	Völkerverständigung	125
4.2.6	Entwicklungshilfe	125
4.2.7	Umwelt-, Landschafts- und Denkmalschutz	125
4.2.8	Heimatgedanke	126
4.2.9	Jugend und Altenhilfe	126
4.2.10	Öffentliches Gesundheitswesen	126
4.2.11	Wohlfahrtswesen	127
4.2.12	Sport	127
4.2.13	Demokratisches Staatswesen	127
4.3	**Mildtätige Zwecke**	128
4.4	**Kirchliche Zwecke**	129
4.5	**Steuervergünstigungen**	129
4.6	**Zusammenfassung**	130
4.7	**Wiederholungsfragen**	130
5	**Fallbeispiele**	133
5.1	**Tipps für Klausuren und Hausarbeiten**	134
5.1.1	Die Situation in der Klausur	134
5.1.2	Die Hausarbeit	137
5.2	**Fallbeispiel: Der abgelehnte Vereinseintritt**	138
5.3	**Fallbeispiel: „Schadenersatz" des Vorstandes**	140
	Serviceteil	143
	Glossar	144

Einführung

1.1 Verein – was ist das? – 2

1.2 Der Verein als Grundform der privatrechtlichen Körperschaften – 3

1.3 Arten von Vereinen – 4
1.3.1 Wirtschaftlicher Verein – 4
1.3.2 Nicht wirtschaftlicher Verein – 5
1.3.3 Rechtsfähige und nicht rechtsfähige Vereine – 7

1.4 Privates Vereinsrecht und öffentliches Vereinsrecht – 8

1.5 Zusammenfassung – 10

1.6 Wiederholungsfragen – 10

© Springer-Verlag GmbH Deutschland 2017
R.J. Bährle, *Vereinsrecht – Schnell erfasst,* Recht – Schnell erfasst,
DOI 10.1007/978-3-662-53757-2_1

1.1 Verein – was ist das?

Vereine kennt eigentlich jeder – als seinen eigenen Fußball-, Tennis-, Tischtennis-, Schützen- oder sonstigen Verein, aber auch als Förderverein von Schulen, Museen, Theater oder als Kunstverein, Musikverein usw. Manche sind sogar Mitglied in mehreren Vereinen, manchmal sogar von Kindesbeinen an, z. B. über eine Familienmitgliedschaft mit den Eltern.

In den meisten Fällen macht sich ein Mitglied keine Gedanken darüber, dass auch ein Verein ein rechtliches Gebilde ist und bei seinem Wirken zahlreiche Gesetze beachten muss. Dieses Buch möchte alle Interessierten – Vereinsmitglieder, Funktionsträger in Vereinen, Studenten – in die Strukturen des Vereinsrechts einführen und einen kurzen Überblick über relevante Rechtsvorschriften geben.

§§ 21 ff. BGB

Das Vereinsrecht ist in den §§ 21 ff. BGB verankert. Diese Regelungen sind zu beachten. Sie sind die Rahmenbedingungen für den

ideeller und wirtschaftlicher Verein

- ideellen Verein und
- wirtschaftlichen Verein.

Grundsätzlich ist ein Verein ein Zusammenschluss mehrerer Personen, die einen gemeinsamen ideellen (§ 21 BGB) oder wirtschaftlichen (§ 22 BGB) Zweck verfolgen.

Ideal-Verein

Ein ideeller oder Ideal-Verein verfolgt keinerlei wirtschaftlichen Zwecke und hat daher auch einen wirtschaftlichen Geschäftsbetrieb eingerichtet. Ein ideeller Verein ist jeder Verein, der keine Vermögensvorteile für seine Mitglieder erwirtschaften will.

wirtschaftlicher Verein

Ein wirtschaftlicher Verein verfolgt dagegen den Zweck, Vermögenswerte – egal welcher Art – für seine Mitglieder zu schaffen. Ein wirtschaftlicher Verein führt einen wirtschaftlichen Geschäftsbetrieb mit dem Ziel Gewinne zu erwirtschaften, die dann wieder den Mitgliedern zugutekommen. Wirtschaftliche Vereine sind z. B. die privatärztlichen Verrechnungsstellen. In den meisten Fällen wird für die Verwirklichung der wirtschaftlichen Ziele und damit zur Vermögensmehrung der Mitglieder nicht auf die Rechtsform eines wirtschaftlichen Vereins, sondern auf andere Gesellschaftsformen, z. B. Genossenschaft, Gesellschaft des Bürgerlichen Rechts, GmbH o. andere Gesellschaftsformen zurückgegriffen. Bei diesen sind Haftungsfragen und steuerliche Probleme, die der wirtschaftliche Geschäftsbetrieb mit sich bringen kann, besser zu lösen.

Abb. 1.1 Willkommen im Verein. (Rainald Fenke)

Im Vereinsleben und angewandten Vereinsrecht spielt daher der ideelle Verein die weitaus größere Rolle. Ein ideeller Verein kann als
- nicht rechtsfähiger Verein (ohne Zusatz e. V.) oder
- rechtsfähiger Verein (mit dem Zusatz e. V.)

gegründet werden bzw. bestehen. In der Bundesrepublik gibt es eine weitaus größere Zahl nicht rechtsfähiger Vereine als rechtsfähige Vereine mit dem Zusatz e. V. Denn die Frage der Rechtsfähigkeit eines Vereins muss von der Frage, ob und wie das Vereinsleben funktioniert/funktionieren soll, strikt getrennt werden. Viele aktive Vereine bestehen seit Jahrzehnten, haben sich über die Frage der Rechtsfähigkeit keinerlei Gedanken gemacht und sind nach wie vor für ihre Mitglieder interessant (Abb. 1.1).

1.2 Der Verein als Grundform der privatrechtlichen Körperschaften

Der Verein ist nur eine von vielen möglichen Formen von Personenvereinigungen. Das BGB hat keine ausdrückliche Definition für einen Verein. Was als Verein angesehen werden kann, hat das Reichsgericht definiert (z. B.: RGZ 165, 143). Auf diese Definitionen wird immer noch zurückgegriffen (z. B. BGH in AcP 1951, 121):

Ein Verein ist eine auf Dauer berechnete Verbindung einer größeren Anzahl von Personen zur Erreichung eines gemeinsamen Zwecks, die nach Maßgabe ihrer Satzung körperschaftlich organisiert ist, einen Gesamtnamen führt und auf einen wechselnden Mitgliederstand angelegt ist.

Personenvereinigung

Jeder Verein zeichnet sich durch zwei markante Merkmale aus:

körperliche Verfassung
1. Eine körperschaftliche Verfassung: Diese äußert sich z. B. durch das Vorhandensein einer Satzung, im Vorhandensein von Vereinsorganen (Vorstand, Schatzmeister) und in der Führung eines Namens.

Unabhängigkeit von Einzelpersonen
2. Die Unabhängigkeit von Einzelpersonen und damit Mitgliederwechsel: Der Verein besteht auch weiter, wenn einzelne Mitglieder oder gar die Gründungsmitglieder ausscheiden.

Der Verein kann daher – unabhängig von der Frage, ob er rechtsfähig ist oder nicht, als Grundform privatrechtlicher Körperschaften betrachtet werden. Dies äußert sich auch darin, dass zum Beispiel die Vorschriften für Stiftungen (s. § 86 BGB) auf die Regelungen des Vereinsrechts verweisen.

1.3 Arten von Vereinen

Das BGB unterscheidet bei den Arten von Vereinen im Hinblick auf Zielrichtung des Vereins und auf dessen Rechtsfähigkeit:
- wirtschaftlicher Verein, zu unterscheiden von: Idealverein/Nicht wirtschaftlicher Verein,
- rechtsfähiger Verein, zu unterscheiden von: nicht rechtsfähiger Verein.

Die Abgrenzung zwischen wirtschaftlichem und Idealverein kann im Einzelfall schwierig sein, die zwischen rechtsfähigem und nicht rechtsfähigem Verein ist es nicht. Denn ein rechtsfähiger Verein wird in das Vereinsregister eingetragen und muss den Zusatz „e. V." führen, ein nicht rechtsfähiger Verein wird nicht im Vereinsregister eingetragen und darf den Zusatz „e. V." demzufolge nicht führen.

1.3.1 Wirtschaftlicher Verein

> **§ 22 BGB – Wirtschaftlicher Verein**
> Ein Verein, dessen Zweck auf einen wirtschaftlichen Geschäftsbetrieb gerichtet ist, erlangt in Ermangelung besonderer reichsgesetzlicher Vorschriften Rechtsfähigkeit durch staatliche Verleihung. Die Verleihung steht dem Bundesstaate zu, in dessen Gebiet der Verein seinen Sitz hat.

Nur wenn einer Interessen-/Personenvereinigung es nicht möglich oder zumutbar ist, ihre wirtschaftlichen Interessen und Betätigungen in einer anderen handelsrechtlichen Form – oHG, GmbH, KG, AG, u. ä. – auszuführen, soll sie als Verein mit einer von der Verwaltungsbehörde verliehenen Rechtsfähigkeit (§ 22 BGB) tätig werden. Wirtschaftliche Vereine werden daher zunächst wegen des Mitglieder- und Gläubigerschutzes auf die für unternehmerische Tätigkeiten zur Verfügung stehenden Gesellschaftsformen verwiesen.

Man unterscheidet drei Grundtypen wirtschaftlicher Vereine:

- Der Verein betätigt sich, über den vereinsinternen Bereich hinausgehend, unternehmerisch, indem er wie ein Kaufmann am äußeren Marktgeschehen teilnimmt. Der Verein übt planmäßig und auf Dauer eine auf den Abschluss von Umsatzgeschäften gerichtete Tätigkeit aus. Hierdurch will er für sich und/oder seine Mitglieder Vorteile erlangen. Nicht zwingend notwendig ist die Absicht, Gewinne zu erzielen. *(Grundtyp 1)*
- Der Verein ist unternehmerisch tätig. Er beschränkt seine planmäßige entgeltliche Tätigkeit jedoch auf einen aus seinen Mitgliedern bestehenden inneren Markt. Dabei kann sich das Mitgliedsverhältnis faktisch auf den Austausch von Waren und/oder Dienstleistungen beschränken. *(Grundtyp 2)*
- Der Verein übt eine Tätigkeit aus, die einer genossenschaftlichen Kooperation entspricht. Der Verein ist dabei kooperativer Träger von unternehmerischen (Teil-)Aufgaben, die seine Mitglieder ausgelagert haben. *(Grundtyp 3)*

Ist ein Verein seinem Erscheinungsbild, dem in der Satzung enthaltenen Zweck und/oder der bereits tatsächlich ausgeübten Vereinsaktivitäten in keine dieser Gruppen einzuordnen, ist grundsätzlich erst einmal von einem nicht wirtschaftlichen Verein im Sinne von § 21 BGB auszugehen.

Da wirtschaftliche Vereine, für die Vereinsrecht gilt, in der Praxis relativ selten sind, geht dieses Buch nur am Rande auf sie ein.

1.3.2 Nicht wirtschaftlicher Verein

> **§ 21 BGB – Nichtwirtschaftlicher Verein**
> Ein Verein, dessen Zweck nicht auf einen wirtschaftlichen Geschäftsbetrieb gerichtet ist, erlangt Rechtsfähigkeit

> durch Eintragung in das Vereinsregister des zuständigen Amtsgerichts.

Aus diesem Wortlaut ergibt sich schon, dass ein nicht wirtschaftlicher Verein in der Praxis sowohl als rechtfähiger als auch als nicht rechtsfähiger Verein vorkommen kann. Der Unterschied zwischen beiden Erscheinungsformen zeigt sich nicht im täglichen Vereinsleben, sondern darin, dass der nicht rechtsfähige Verein nicht im Vereinsregister eingetragen ist und auf ihn deswegen nicht die gesetzlichen Vorschriften für rechtsfähige Vereine, sondern die Regelungen für die BGB-Gesellschaft Anwendung finden (§ 54 Absatz 1 BGB).

keine wirtschaftlichen Ziele

Nicht wirtschaftliche Vereine oder Idealvereine streben nach Wortlaut und Durchführung ihrer Satzung ein nicht wirtschaftliches Ziel an. Zu den Idealvereinen zählen nicht nur die Vereine, die überhaupt keinen Geschäftsbetrieb anstreben oder unterhalten, sondern auch die Vereine, deren Hauptzweck nach ihrer Satzung ein ideeller Zweck ist und die dennoch – als Nebenzweck oder um den Hauptzweck überhaupt erfüllen zu können – einen wirtschaftlichen Geschäftsbetrieb unterhalten.

Beispiel
Ein Turnverein betreibt als Nebenzweck eine Vereinsgaststätte, die auch Nichtmitgliedern offen steht. Mit den Einnahmen aus der Vereinsgaststätte werden die satzungsgemäßen Ziele des Turnvereins – z. B. besondere Förderung der Jugend oder Teilnahme an Wettkämpfen – ermöglicht. Der Turnverein bleibt trotz der Vereinsgaststätte ein Idealverein, weil die wirtschaftliche Betätigung untergeordnete Bedeutung hat. Hauptzweck des Vereins bleibt die Förderung des Sports.

Idealvereine

Als Idealvereine und damit nicht wirtschaftliche Vereine gelten z. B.
- Kunstvereine,
- Gesangsverein, Musikvereine, Schauspielbühnen,
- religiöse Vereine,
- wohltätige Vereine,
- politische Vereine, z. B. Landes-/Regionalgruppen von Parteien,
- Sportvereine/Fußballvereine, auch größere, die teilweise durch Eintrittsgelder usw. Millionenumsätze erzielen,
- Mietervereine,
- Haus- und Grundbesitzervereine,
- Lohnsteuerhilfevereine.

1.3.3 Rechtsfähige und nicht rechtsfähige Vereine

Nicht jeder Zusammenschluss von Personen, auf die die oben zitierte Definition eines Vereins zutrifft, ist ein rechtsfähiger Verein. Denn die Rechtsfähigkeit erlangt ein Verein nur durch seine Eintragung in das Vereinsregister. Mit anderen Worten: Ein Verein, der dort nicht eingetragen ist, kann und darf sich nicht als rechtsfähiger Verein bezeichnen. Damit die Öffentlichkeit auf den ersten Blick erkennt, ob es sich um einen rechtsfähigen oder nicht rechtsfähigen Verein handelt, führen rechtfähige – also im Vereinsregister eingetragene – Vereine den Zusatz „e. V." für „eingetragener Verein".

Eintragung ins Vereinsregister („e. V.")

Obwohl dies nach außen hin der einzige Unterschied zwischen den beiden Vereinsformen ist, hat der Gesetzgeber in § 54 BGB – am Ende der allgemeinen Vorschriften für Vereine – bestimmt, dass für nicht rechtsfähige Vereine die Vorschriften über die Gesellschaft (§§ 705 ff. BGB) und nicht die des Vereinsrechts Anwendung finden sollen. Im Zivilrecht sollten die beiden Vereinsformen nach den Vorstellungen des Gesetzgebers unterschiedlich behandelt werden. Vereine, die dies umgehen wollten, erklärten in ihrer Satzung Bestimmungen des Gesellschaftsrechts für nicht anwendbar oder änderten diese Bestimmungen ab. Diese Vereine haben durch ein Urteil des BGH (vom 07.12.2007, DStR 2007, 1970) Unterstützung bekommen, weil der BGH entschied, dass der nichts rechtsfähige Idealverein in vielen Fragen wie ein rechtsfähiger Verein behandelt wird.

Rechtsprechung gleicht an.

Rechtsfähiger Verein und nicht rechtsfähiger Verein können beide grundsätzlich Träger von Rechten und Pflichten sein, klagen, verklagt werden und Vermögen erwerben. Unterschiede bestehen im Wesentlichen für die Grundbuchfähigkeit und bei der Haftung der handelnden Mitglieder. Beim nicht rechtsfähigen Verein haften die für den Verein handelnden Personen neben dem Verein zusätzlich persönlich für Rechtsgeschäfte, die sie im Namen des Vereins abgeschlossen haben. Dies ist beim rechtsfähigen Verein nicht der Fall. Möchte ein nicht eingetragener Verein ein Grundstück erwerben, kann er selbst nicht ins Grundbuch eingetragen werden, es müssen stattdessen sämtliche Vereinsmitglieder als Eigentümer eingetragen werden. Im Gegensatz dazu kann ein rechtsfähiger Verein als Eigentümer eines Grundstücks im Grundbuch eingetragen werden.

Haftungsunterschiede

Das Steuerrecht hat im Gegensatz zum Zivilrecht die nicht rechtsfähigen Vereine schon immer wie die rechtsfähigen Vereine behandelt.

Welche zivilrechtlichen Regelungen auf den nicht rechtsfähigen Verein anzuwenden sind, hat angesichts der Anzahl

Tab. 1.1 Vereinsformen	
Nichtwirtschaftlicher Verein/Idealverein (§ 21 BGB)	Ein Verein, dessen Zweck nicht auf einen wirtschaftlichen Geschäftsbetrieb gerichtet ist, erlangt Rechtsfähigkeit durch Eintragung in das Vereinsregister des zuständigen Amtsgerichts.
Wirtschaftlicher Verein (§ 22 BGB)	Ein Verein, dessen Zweck auf einen wirtschaftlichen Geschäftsbetrieb gerichtet ist, erlangt in Ermanglung besonderer reichsgesetzlicher Vorschriften Rechtsfähigkeit durch staatliche Verleihung. Die Verleihung steht dem Bundesstaat zu, in dessen Gebiet der Verein seinen Sitz hat.
Nicht rechtsfähiger Verein (§ 54 Satz 1 BGB)	Auf Vereine, die nicht rechtsfähig sind, finden die Vorschriften über die Gesellschaft Anwendung.
Rechtsfähige Vereine (§§ 24–53 BGB, §§ 55–79 BGB)	§ 65 BGB. Mit der Eintragung erhält der Name des Vereins den Zusatz „eingetragener Verein".

bestehender nicht rechtsfähiger Vereine in der Praxis eine größere Bedeutung als man zunächst annehmen mag. So gehören zu den nicht rechtsfähigen Vereinen z. B. auch Gewerkschaften, Arbeitgeberverbände, Berufsverbände, politische Parteien (◘ Tab. 1.1).

1.4 Privates Vereinsrecht und öffentliches Vereinsrecht

§§ 21 bis 79 BGB

Das private Vereinsrecht regelt die Rechtsverhältnisse des Vereins gegenüber Dritten sowie die Rechtsverhältnisse der Mitglieder des Vereins untereinander und gegenüber dem Verein selbst. Privatrechtliche Vorschriften ausdrücklich für Vereine enthalten die §§ 21 bis 79 BGB. Im Übrigen wird der rechtsfähige Verein in anderen privatrechtlichen Vorschriften in der Regel nicht als solcher bezeichnet, sondern er ist immer dann angesprochen, wenn im Gesetz von einer juristischen Person oder Korporation die Rede ist. Der nicht rechtsfähige Verein wird im Gegensatz dazu immer als solcher benannt oder als Verein, nicht rechtsfähige Personenvereinigung oder nicht rechtsfähige Vereinigung bezeichnet.

Vereinssatzung

Da die Regelungen des bürgerlichen Rechts zum Teil dispositiv sind, aber auch nicht alles geregelt wird, kommt darüber hinaus der Vereinssatzung als weiterem Element des privaten Vereinsrechts große Bedeutung zu.

1.4 • Privates Vereinsrecht und öffentliches Vereinsrecht

Daneben gibt es das öffentliche Vereinsrecht, das seine Grundlagen in Artikel 9 des Grundgesetzes (Versammlungsfreiheit) und im Vereinsgesetz findet. Das öffentliche Vereinsrecht regelt die Rechtsbeziehungen zwischen dem Staat und einem Verein und dient der Wahrung der Vereinsfreiheit, sowie der Sicherheit und Ordnung des Staates. In § 1 VereinsG heißt es:

Art. 9 GG und VereinsG

> **§ 1 VereinsG**
> (1) Die Bildung von Vereinen ist frei (Vereinsfreiheit).
> (2) Gegen Vereine, die die Vereinsfreiheit mißbrauchen, kann zur Wahrung der öffentlichen Sicherheit und Ordnung nur nach Maßgabe dieses Gesetzes eingeschritten werden.

Der bürgerlich-rechtliche Vereinsbegriff stimmt nicht in jedem Fall mit dem Vereinsbegriff überein, der für das öffentliche Vereinsrecht gilt. Dies hängt auch damit zusammen, dass das BGB keine Definition für den Verein enthält, während dies im öffentlichen Vereinsrecht in § 2 Absatz 1 Vereinsgesetz (VereinsG) der Fall ist. Danach ist ein Verein im öffentlich-rechtlichen Sinn

> **§ 2 Abs. 1 VereinsG**
> „ohne Rücksicht auf die Rechtsform jede Vereinigung, zu der sich eine Mehrheit natürlicher oder juristischer Personen für längere Zeit zu einem gemeinsamen Zweck freiwillig zusammengeschlossen und einer organisierten Willensbildung unterworfen hat."

Vereine im Sinne des Vereinsrechts können aufgrund dieser Definition auch rechtsfähige Körperschaften des Handelsrechts oder Gesellschaften bürgerlichen Rechts sein. Der Vereinsbegriff des öffentlichen Rechts geht also viel weiter als der Vereinsbegriff nach bürgerlichem Recht. Ein Verein im Sinne des öffentlichen Rechts liegt immer dann begrifflich vor, wenn das Grundrecht der Vereinigungsfreiheit nach Artikel 9 Absatz 1 GG und die Anwendung des Vereinsrechts in Betracht kommen. Begrifflich zu den Vereinen im Sinne des öffentlichen Vereinsrechts gehören z. B. auch kriminelle oder terroristische Vereinigungen im Sinne der §§ 129, 129a StGB.

öffentliches Recht weiter als Zivilrecht

Achtung Politische Parteien im Sinne von Artikel 21 GG sind ausdrücklich vom Geltungsbereich des Vereinsrechts nicht umfasst (§ 2 Absatz 2 VereinsG). Sie gelten nicht als Vereine im Sinne des Vereinsrechts.

1.5 Zusammenfassung

Das Vereinsrecht hat zwei Komponenten:

Privates Vereinsrecht
Es regelt die Rechtbeziehungen der Mitglieder zum Verein, der Mitglieder untereinander und des Vereins zu Dritten. Es besteht aus den Regelungen des bürgerlichen Rechts sowie der Vereinsatzung.

Ein Verein im Sinne des bürgerlichen Rechts und damit des Privatrechts muss folgende Kriterien erfüllen:
- Es muss ein freiwilliger Zusammenschluss mehrerer natürlicher oder juristischer Personen auf unbestimmte Zeit vorliegen,
- mit dem Ziel einen gemeinsamen nichtwirtschaftlichen oder wirtschaftlichen Zweck oder beide Zwecke zu verfolgen.
- Die Personenvereinigung muss eine körperschaftliche Verfassung haben und
- einen Gesamtnamen führen sowie
- in ihrer Existenz vom Wechsel der Mitglieder unabhängig sein.

Öffentliches Vereinsrecht
Es regelt die Vereinsfreiheit sowie das Verhältnis zwischen Staat und Verein.

Der Vereinsbegriff nach öffentlichem Recht und der nach privatem Recht stimmen nicht vollständig überein. Das öffentliche Vereinsrecht ist geregelt in Artikel 9 GG und dem Vereinsgesetz, das in seinem § 1 einen Verein definiert als:
- Vereinigung von natürlichen oder juristischen Personen, ohne Rücksicht auf die Rechtsform,
- die sich freiwillig für eine längere Zeit zur Verfolgung eines gemeinsamen Zweckes zusammengeschlossen hat und
- sich einer organisierten Willensbildung unterworfen hat.

1.6 Wiederholungsfragen

 1. Was ist ein Verein? Lösung ▶ Abschn. 1.1
2. Welche Arten von Vereinen unterscheidet man? Lösung ▶ Abschn. 1.3

1.6 · Wiederholungsfragen

3. Was ist ein wirtschaftlicher Verein? Lösung ▶ Abschn. 1.3.1
4. Was ist ein Idealverein? Lösung ▶ Abschn. 1.3.2
5. Worin unterscheiden sich rechtfähige und nicht rechtsfähige Vereine nach außen? Lösung ▶ Abschn. 1.3.3
6. Wie lassen sich privates und öffentliches Recht voneinander abgrenzen? Lösung ▶ Abschn. 1.4

Der rechtsfähige Verein

2.1	**Wie ein rechtsfähiger Verein entsteht**	**– 15**
2.1.1	Vorgründungsgesellschaft	– 15
2.1.2	Die Vereinsgründung	– 17
2.1.3	Der Vorverein	– 19
2.1.4	Die Rechtsfähigkeit	– 20
2.1.5	Die Anmeldung zum Vereinsregister	– 21
2.1.6	Muster	– 24
2.1.7	Wiederholungsfragen	– 24
2.2	**Welches Recht gilt für den Verein?**	**– 25**
2.2.1	Staatliches Verfassungsrecht	– 25
2.2.2	Vereinsverfassung	– 26
2.2.3	Vereinssatzung	– 27
2.2.4	Vereinsordnung	– 31
2.2.5	Satzungsänderungen	– 32
2.2.6	Zusammenfassung	– 34
2.2.7	Wiederholungsfragen	– 35
2.3	**Die Mitgliedschaft im Verein**	**– 35**
2.3.1	Das Wesen der Mitgliedschaft	– 35
2.3.2	Arten von Mitgliedschaften	– 36
2.3.3	Rechte der Mitglieder	– 39
2.3.4	Pflichten der Mitglieder	– 42
2.3.5	Wie wird man Mitglied?	– 44
2.3.6	Anspruch auf Aufnahme in den Verein	– 45
2.3.7	Beendigung der Mitgliedschaft	– 45
2.3.8	Ausschluss aus dem Verein	– 47
2.3.9	Zusammenfassung	– 49
2.3.10	Wiederholungsfragen	– 49
2.4	**Die Vereinsorgane**	**– 50**
2.4.1	Welche Vereinsorgane gibt es?	– 50
2.4.2	Mitgliederversammlung	– 51

© Springer-Verlag GmbH Deutschland 2017
R. J. Bährle, *Vereinsrecht – Schnell erfasst,* Recht – Schnell erfasst,
DOI 10.1007/978-3-662-53757-2_2

2.4.3	Vorstand	– 56
2.4.4	Sonstige Vereinsorgane	– 60
2.4.5	Zusammenfassung	– 62
2.4.6	Wiederholungsfragen	– 63
2.5	**Durchsetzung der Ordnung im Verein**	**– 64**
2.5.1	Satzungsgemäße Grundlagen	– 64
2.5.2	Ordnungsmittel: Vereinsstrafe	– 65
2.5.3	Ausschluss aus dem Verein	– 67
2.5.4	Organe zur Durchsetzung der Vereinsordnung	– 67
2.5.5	Zusammenfassung	– 69
2.5.6	Wiederholungsfragen	– 70
2.6	**Vereinsstreitigkeiten vor Gericht**	**– 70**
2.7	**Haftungsfragen**	**– 74**
2.7.1	Die Organhaftung	– 74
2.7.2	Die Haftung des Vereins für seine Angestellten und seine Mitglieder	– 77
2.7.3	Zusammenfassung	– 78
2.7.4	Wiederholungsfragen	– 79
2.8	**Das Ende der rechtsfähigen Vereins**	**– 79**
2.8.1	Auflösung des Vereins	– 79
2.8.2	Verlust der Rechtsfähigkeit	– 82
2.8.3	Folgen der Auflösung	– 83
2.8.4	Zusammenfassung	– 88
2.8.5	Wiederholungsfragen	– 88
2.9	**Das Vereinsschiedsgericht**	**– 89**
2.9.1	Schiedsfähigkeit und Schiedsgericht	– 91
2.9.2	Die Schiedsverhandlung	– 94
2.9.3	Muster Schiedsgerichtsvereinbarung	– 99
2.9.4	Wiederholungsfragen	– 102

2.1 Wie ein rechtsfähiger Verein entsteht

Nur in ganz wenigen Fällen erfolgt die Gründung eines Vereins ganz spontan. Vielfach entstehen Vereine aus einem bereits bestehenden Zusammenschluss Interessierter, die irgendwann darüber sprechen, dass man aus ihrer „Interessengemeinschaft" einen „Verein machen" könne. Oder einige Personen schließen sich zusammen, um ein bestimmtes Ziel gemeinsam zu erreichen, machen sich aber zu diesem Zeitpunkt noch keine Gedanken über die Rechtsform ihres Zusammenschlusses.

Gesetzliche Regelungen über die Gründung eines Vereins – egal ob rechtsfähiger oder nichtrechtsfähiger Verein – fehlen. Die Vereinsgründer haben es in der Hand, ob sie die Vereinsgründung in drei Stufen – Vorgründungsgesellschaft, Vorverein, rechtsfähiger Verein – durchführen oder einzelne Schritte auslassen. Beim nichtrechtsfähigen Verein kann dieser allein durch den Gründungsakt in einem einzigen Schritt entstehen.

keine gesetzlichen Regelungen für Vereinsgründung

2.1.1 Vorgründungsgesellschaft

Eine Vorgründungsgesellschaft ist nicht zwingend notwendig. Sie kann, muss aber nicht einer Vereinsgründung vorausgehen. Die Errichtung einer Vorgründungsgesellschaft kann sinnvoll sein, wenn mit der eigentlichen Vereinsgründung aus rechtlichen oder tatsächlichen Gründen (noch) nicht begonnen werden kann, die an der Vereinsgründung Interessierten aber bereits Rechtshandlungen vornehmen wollen oder müssen.

nicht zwingend erforderlich

Eine Vorgründungsgesellschaft ist eine Gesellschaft bürgerlichen Rechts im Sinne von §§ 705 ff. BGB. Die Mitglieder einer Vorgründungsgesellschaft verpflichten sich gegenseitig rechtsverbindlich, die Erreichung eines bestimmten Zweckes – der in den meisten Fällen dem späteren Vereinszweck entspricht – in der durch den Gesellschaftsvertrag bestimmten Weise zu fördern. Die Rechte und Pflichten der Gesellschafter untereinander ergeben sich aus dem zwischen ihnen abgeschlossenen Gesellschaftsvertrag und aus den §§ 705 ff. BGB. Die Regelungen der §§ 21 ff. BGB für Vereine finden auf die Vorgründungsgesellschaft keine Anwendung.

Gesellschaft bürgerlichen Rechts

Die Vorgründungsgesellschaft endet, wenn
- der vereinbarte Zweck erreicht wurde, also z. B.: der Vorverein oder der Verein gegründet ist.
- der vereinbarte Zweck nicht mehr erreicht werden kann oder
- die Gesellschafter die Auflösung der Vorgründungsgesellschaft beschließen.

Die Vorgründungsgesellschaft ist mit dem späteren Verein nicht identisch. An einer Vorgründungsgesellschaft können sich auch Personen beteiligen, die später nicht Gründer oder Mitglieder des Vereins werden wollen. Hat die Vorgründungsgesellschaft während ihres Bestehens eigenes Vermögen erworben und soll dieses dem Verein zugutekommen, muss dieses Vermögen auf den Verein übertragen werden, sobald dieser gegründet ist. Verbleibt das Vermögen in der Gesamthand der Gesellschafter, muss es nach einer Auflösung der Vorgründungsgesellschaft liquidiert werden (§§ 730 ff. BGB).

Beispiel
Dem örtlichen Heimatmuseum, das regen Besucherzuspruch findet, fehlen Mittel zur Anschaffung weiterer Exponate. Einige Bürger werben daher für die Gründung eines Fördervereins, dessen Mitglieder Mittel zum Erwerb von Exponaten zur Verfügung stellen sollen bzw. mit deren Mitgliedsbeiträgen für das Heimatmuseum Exponate angeschafft werden sollen. Die Idee eines Fördervereins stößt zwar auf reges Interesse, die Vereinsgründung läuft aber nur zögerlich an, die Ausarbeitung der Satzung verzögert sich immer wieder. In diesem Stadium wird dem Heimatmuseum ein außergewöhnliches Exponat zum Kauf angeboten. Der Anbieter fordert eine rasche Entscheidung, das Museum selbst ist jedoch mittellos. Um den Ankauf des Exponats zu ermöglichen, gründen die Bürger Meier, Hasse und Petermann eine Vorgründungsgesellschaft, mit dem Zweck, dem Heimatmuseum bis zur Vereinsgründung angebotene Exponate zu sichern bzw. zu erwerben. Die Gründer der Vorgründungsgesellschaft stellen dieser ausreichende finanzielle Mittel zur Verfügung, damit diese ihren Zweck erfüllen kann.

Gesellschaftsgründung muss vereinbart werden.

Eine Vorgründungsgesellschaft entsteht nur, wenn sich deren Gesellschafter einig sind, dass sie eine Gesellschaft gründen wollen und welchen Zweck diese Gesellschaft haben soll. Eine Vorgründungsgesellschaft entsteht nicht schon, wenn einige Interessierte sich zu unverbindlichen Vorbesprechungen treffen, in denen Möglichkeiten zur Verwirklichung eines gemeinsamen Zieles erörtert werden und ggf. schon Vorschläge für einen Satzungsinhalt oder Vereinsnamen gemacht werden. Derartige Vorbesprechungen oder Vorverhandlungen führen nicht zur Gründung einer Vorgründungsgesellschaft oder gar Gründung des Vereins. Sie verpflichten die teilnehmenden Interessenten auch nicht zur Vereinsgründung oder Gründung eines Vorvereins.

Pflichten bei Vorverhandlungen

Allerdings entstehen auch im Rahmen von Vorbesprechungen und Vorverhandlungen für die Teilnehmenden Sorgfalts-, Aufklärungs-, Schutz- und Loyalitätspflichten. Diese Pflichten können – sofern sie von einem Teilnehmenden schuldhaft

2.1.2 Die Vereinsgründung

Die Gründung eines Vereins erfolgt dadurch, dass die Gründer einen Vertrag abschließen, indem sie sich über folgende Punkte einig sind:
- Es wird ein Verein errichtet.
- Für den Verein soll die von den Gründern oder einem Dritten erarbeitete Satzung verbindlich sein (sog. Satzungsfeststellung).
- Der Verein soll (oder soll nicht) die Rechtsfähigkeit durch Eintragung ins Vereinsregister erlangen.

Gründungsvertrag

Der abgeschlossene Gründungsvertrag gilt als Organisationsvertrag als Vertrag besonderer Art. Solange der Gründungsvertrag noch nicht abgeschlossen ist, können Änderungen an der Satzung nur durch eine übereinstimmende Willenserklärung aller Gründer vorgenommen werden. Ist der Vertrag abgeschlossen, ist ein Vorverein entstanden.

Die im Gründungsvertrag enthaltene Satzung erlangt nach der Vereinsgründung ein vom Gründungsvertrag unabhängiges rechtliches Eigenleben, sie wird zur körperschaftlichen Verfassung des Vereins und objektiviert dann das rechtliche Wollen des Vereins als der Zusammenfassung seiner Mitglieder (BGHZ 47, 172, 179 ff.).

Satzung

Für die Gründung eines Vereins, der die Rechtsfähigkeit erlangen soll, sind mindestens sieben Gründungsmitglieder notwendig. Dies ergibt sich aus § 59 Absatz 3 BGB, der vorschreibt, dass die Satzung, die der Anmeldung zum Vereinsregister beizufügen ist, von mindestens sieben Mitgliedern unterzeichnet sein soll. Sind bei Gründung des Vereins weniger als sieben Mitglieder vorhanden, kann der Verein natürlich trotzdem gegründet werden, er kann allerdings dann nicht ins Vereinsregister eingetragen und damit rechtsfähig werden. Ein nicht rechtsfähiger Verein kann daher ohne Probleme von lediglich zwei Personen gegründet werden.

mindestens sieben Personen für Rechtsfähigkeit

Die Gründung eines Vereins ist formfrei. Der Gründungsvertrag kann daher auch mündlich geschlossen werden, jedoch wird aus den §§ 57, 58 BGB abgeleitet, dass – zumindest für den rechtsfähigen Verein – die Satzung schriftlich abgefasst sein muss. Aus Gründen der Beweisbarkeit der getroffenen Absprachen ist es aber in jedem Fall zu empfehlen, das Gründungsvertrag und Satzung schriftlich gemacht werden.

Formfreiheit für Gründung

Gründungsmitglieder

Gründer eines Vereins können sein:
- unbeschränkt geschäftsfähige natürliche Personen unabhängig von ihrer Staatsangehörigkeit,
- geschäftsunfähige, beschränkt geschäftsfähige und unter Betreuung stehende Personen, wenn sie rechtswirksam vertreten werden.
- Juristische – inländische und ausländische – Personen des privaten und öffentlichen Rechts.

Zwingende Voraussetzung für einen wirksamen Abschluss des Gründungsvertrags ist es, dass die am Vertragsschluss Beteiligten geschäftsfähig sind oder durch ihre gesetzlichen Vertreter rechtswirksam vertreten werden. War einer der Gründer nicht geschäftsfähig oder nicht rechtswirksam vertreten, kann der Gründungsvertrag trotzdem wirksam sein, wenn nur die erforderliche Mindestanzahl der Gründer geschäftsfähig oder rechtswirksam vertreten war.

Minderjährige

Minderjährige, die beschränkt geschäftsfähig (also zwischen sieben und 18 Jahre alt) sind, können an einer Vereinsgründung selbst – also ohne Vertretung durch den gesetzlichen Vertrete – rechtswirksam mitwirken, wenn
- das Rechtsgeschäft lediglich rechtliche Vorteile bringt (§ 107 BGB) oder
- die vertragsmäßige Leistung mit eigenen Mitteln bewirkt wird (§ 110 BGB „Taschengeldparagraph").

Beispiel

Zehn siebzehnjährige Jugendliche wollen einen Verein der Mountainbiker gründen. Die Jugendlichen sind sich über die Vereinsziele und die Satzung einig. Sie haben einen Gründungsvertrag und eine Satzung entworfen. Anfang Juni treffen sie sich, um den Verein zu gründen. Die zehn Jugendlichen unterschreiben den Gründungsvertrag und die Satzung.
Variante a): Die Eltern werden nicht einbezogen.
Da keiner der Jugendlichen voll geschäftsfähig ist, wird der Verein nicht rechtswirksam gegründet.
Variante b): Acht Jugendliche bringen zum Gründungstreffen einen Elternteil mit. Die anwesenden Elternteile genehmigen die Unterschriften ihrer Kinder durch eigene Unterschrift und bekunden eindeutig, dass sie mit der Vereinsgründung einverstanden sind.
Der Verein wurde rechtswirksam gegründet, weil mehr als sieben Mitglieder rechtswirksam gesetzlich vertreten waren.
Variante c): Den Mitgliedsbeitrag können die Jugendlichen von ihrem Taschengeld bestreiten.
Der Verein ist rechtswirksam gegründet, weil der so genannte Taschengeldparagraph § 110 BGB eingreift.

2.1.3 Der Vorverein

Der Vorverein geht immer einem rechtsfähigen Verein voraus. Der Vorverein ist deswegen zwingend, weil der Anmeldung zum Vereinsregister nach § 59 Absatz 2 BGB die Satzung und der Nachweis über die Bestellung des Vorstandes beizufügen ist. Bei Anmeldung muss der Verein also schon gegründet sein und existieren. Als Vorverein wird daher der Verein bezeichnet, der nach seiner Satzung die Rechtsfähigkeit erstrebt, entweder als nicht wirtschaftlicher Verein durch Eintragung ins Vereinsregister (§ 21 BGB) oder als wirtschaftlicher Verein durch staatliche Verleihung (§ 22 BGB).

Der Zweck eines Vorvereins kann – muss aber nicht – lediglich darin bestehen, für den Verein die Rechtsfähigkeit durch Eintragung in das Vereinsregister zu erlangen. Wird die Eintragung in das Vereinsregister in derartigen Fällen rechtskräftig versagt, ist eine auflösende Bedingung eingetreten, die die automatische Auflösung des Vorvereins nach sich zieht.

Auch ein schon länger bestehender nicht rechtsfähiger Verein kann zum Vorverein werden, nämlich dann, wenn die Mitgliederversammlung entsprechend § 33 Absatz 1 Satz 2 BGB einen einstimmigen Beschluss fassen, dass der Verein die Rechtsfähigkeit erlangen soll. Wurde dieser Beschluss gefasst, besteht ab diesem Zeitpunkt ein Vorverein.

Beim Vorverein handelt es sich nicht um eine Gesellschaft bürgerlichen Rechts. Obwohl der Vorverein wie ein nicht rechtsfähiger Verein behandelt werden könnte, gelten für ihn schon die gesetzlichen Regelungen des rechtsfähigen Vereins und ihm wird beschränkte Rechtsfähigkeit zuerkannt (BGH vom 29.01.2001, NJW 2002, 1207).

Der Vorverein wird durch Eintragung in das Vereinsregister zum unbeschränkt rechtsfähigen Verein. Er ist in der Regel mit diesem identisch, es sei denn, zwischenzeitlich haben organisatorische Änderungen stattgefunden.

Alle bis zur Eintragung in das Vereinsregister vom Vorverein begründeten Rechte und Pflichten gehen auf den rechtsfähigen Verein über. Eine Rechtsnachfolge und Vermögensübertragung vom Vorverein auf den dann eingetragenen Verein ist nicht notwendig.

Auf den nicht rechtsfähigen Vorverein finden – wie bereits ausgeführt – die Regelungen für den rechtsfähigen Verein Anwendung. Dies bedeutet u. a.:
- Es besteht ein Mitgliedschaftsverhältnis zwischen dem Vorverein und seinen Mitgliedern mit allen Rechten und Pflichten.

für den rechtsfähigen Verein zwingende Vorstufe

beschränkte Rechtsfähigkeit

Rechtsübergang mit Eintragung

- Mitglieder können in den Vorverein eintreten, aber auch austreten. Eine Änderung des Gründungsvertrags oder der Gründungssatzung ist nicht erforderlich.
- Der Vorverein kann eine Mitgliederversammlung abhalten. Dort können Beschlüsse – auch über Satzungsänderungen – gefasst werden.
- Es muss ein Vorstand bestellt werden, dem die Geschäftsführung obliegt. Ob und in welchem Umfang dieser Vorstand Beschränkungen unterliegt, hängt vom Zweck des Vorvereins ab. Soll dieser nur die Rechtsfähigkeit des Vereins herbeiführen, ist der Umfang der Vertretungsmacht des Vorstandes darauf beschränkt, diese Rechtsfähigkeit durch Eintragung beim Registergericht herbeizuführen. Darüber hinaus kann die Vertretungsmacht des Vorstandes durch die Gründungssatzung eingeschränkt sein. Enthält diese Regelungen für das Handeln des Vorstandes, ist die Vertretungsmacht des Vorstandes grundsätzlich unbeschränkt.
- Der Vorverein tritt nach außen unter seinem Namen auf. Er darf nicht den Zusatz „eingetragener Verein in Gründung" führen.

2.1.4 Die Rechtsfähigkeit

Vereinsregister – Eintrag

Ein nicht wirtschaftlicher Verein erlangt seine Rechtsfähigkeit durch Eintragung ins Vereinsregister des zuständigen Amtsgerichts, wenn sein Zweck nicht auf einen wirtschaftlichen Geschäftsbetrieb ausgerichtet ist (§ 21 BGB). Ein wirtschaftlicher Verein im Sinne von § 22 BGB, dessen Zweck auf einen wirtschaftlichen Geschäftsbetrieb ausgerichtet ist, darf nicht in das Vereinsregister eingetragen werden.

Nur nicht wirtschaftliche Vereine eintragungsfähig Satzung maßgebend

Ob der Verein nicht wirtschaftliche Zwecke verfolgt, ergibt sich aus der Satzung. Denn ein Verein, der die Rechtsfähigkeit durch Eintragung ins Vereinsregister anstrebt, muss den Vereinszweck in seiner Satzung angeben (§ 57 Absatz 1 BGB). Das Registergericht darf den Verein aber nur dann eintragen, wenn es davon überzeugt ist, dass der Verein tatsächlich ideelle, nicht wirtschaftliche Zwecke erfüllt. Bestehen hieran Zweifel und kann der Vorstand diese Zweifel nicht entkräften, reicht die in der Satzung enthaltene Erklärung, dass der Zweck des Vereins nicht auf einen wirtschaftlichen Geschäftsbetrieb gerichtet ist, nicht aus. Hintergrund dieser Regelung ist, dass die Rechtsform „Verein" nicht für unternehmerische Betätigungen benutzt werden soll (mit Ausnahme der wirtschaftlichen Vereine im Sinne von § 22 BGB). Nur wenn einer Interessen-/Personenvereinigung es nicht möglich oder zumutbar ist, ihre

2.1 • Wie ein rechtsfähiger Verein entsteht

wirtschaftlichen Interessen und Betätigungen in einer anderen handelsrechtlichen Form – oHG, GmbH, KG, AG, u. ä. – auszuführen, soll sie als Verein mit einer von der Verwaltungsbehörde verliehenen Rechtsfähigkeit (§ 22 BGB) tätig werden.

Ein wirtschaftlicher Geschäftsbetrieb liegt in der Regel vor, wenn es sich um eine selbstständige und nachhaltige Tätigkeit handelt, durch die Einnahmen und andere wirtschaftliche Vorteile erzielt werden und die über den Rahmen der Vermögensverwaltung hinausgehen (§ 14 AO). Nicht erforderlich ist es, dass mit der entgeltlichen Tätigkeit Gewinne erzielt werden. Es genügt, dass der Verein oder seine Mitglieder Tätigkeiten entfalten, die auf die Erzielung wirtschaftlicher Vorteile ausgerichtet sind. Ob diese Vorteile dem Verein oder den Mitgliedern selbst zufließen, ist unerheblich.

Planmäßigkeit und Dauerhaftigkeit bedeuten, dass der Verein ein gezieltes Handeln mit Wiederholungsabsicht erkennen lässt. Eine nur gelegentliche Anbietertätigkeit reicht nicht. Auch eine reine Nachfragetätigkeit, in der der Verein als Käufer oder Besteller tätig wird, reicht nicht zur Begründung eines wirtschaftlichen Geschäftsbetriebs.

In dem Umfang, in dem ein Verein zur Aufrechterhaltung seines inneren Geschäftsbetriebs als Anbieter oder Nachfrager auftritt, unterhält er – ausgehend von der obigen Definition – also keinen wirtschaftlichen Geschäftsbetrieb. Derartige Geschäfte sind Hilfsgeschäfte zur Verfolgung des Vereinszwecks. Kauft also ein Verein z. B. Vereinskleidung oder verkauft er nicht mehr benötigte Gegenstände, gefährdet dies seine Stellung als nicht wirtschaftlicher Verein nicht.

Vermögensverwaltung liegt vor, wenn der Verein Kapitalvermögen verzinslich anlegt oder als Eigentümer oder sonst Nutzungsberechtigter Grundstücke oder Räumlichkeiten vermietet oder verpachtet. Solange der Verein hierdurch nur unbedeutende Einnahmen erzielt, führen diese Tätigkeiten auch noch nicht zu einem wirtschaftlichen Geschäftsbetrieb.

wirtschaftlicher Geschäftsbetrieb

Hilfsgeschäfte für Vereinszweck

Vermögensverwaltung

2.1.5 Die Anmeldung zum Vereinsregister

Haben die Gründer entschieden, dass der Verein ein rechtsfähiger Verein werden soll, hat der Vorstand den Verein beim zuständigen Registergericht zur Eintragung anzumelden (§ 59 Absatz 1 BGB).

Dies muss der Vorstand eines Vereins unverzüglich tun, sofern keine Eintragungshindernisse oder Weisungen der Vereinsgründer entgegenstehen. Eintragungshindernis kann z. B. sein, dass die Satzung noch nicht von mindestens sieben Gründungsmitgliedern unterschrieben wurde. Verzögert der

Vorstand meldet an.

Vorstand die Anmeldung und handelt hierbei schuldhaft, kann er nicht nur als Vorstand abgelöst, sondern auch zu Schadenersatz herangezogen werden.

Vereinssitz

Die Anmeldung hat bei dem Amtsgericht (dort zuständig: Registergericht) zu erfolgen, in dessen Bezirk der Verein seinen Sitz hat (§ 55 Absatz 1 BGB). Der Sitz ergibt sich aus der Satzung. Nur der in der Satzung bestimmte Sitz ist für die örtliche Zuständigkeit des Amtsgerichts maßgebend, nicht z. B. der tatsächliche Sitz des Vereinsheims oder der Wohnort des Vorstandes.

Beispiel
Die Gründungsmitglieder eines Kunstvereins wollen alle Interessierten des Landkreises ansprechen. Sie beschließen, dass der Sitz des Vereins in der Stadt X, einer Kleinstadt im Landkreis sein soll, die dem Verein Räumlichkeiten kostengünstig vermieten will. Der bestellte Vorstand wohnt in der Stadt Y, die nicht mehr zum Landkreis gehört.
Der Verein ist bei dem für die Stadt X zuständigen Amtsgericht anzumelden.

Erstanmeldung durch Gesamtvorstand

Besteht der Vorstand aus mehreren Mitgliedern, so müssen alle Vorstandsmitglieder an der Erstanmeldung des Vereins mitwirken. Dies gilt auch, wenn die Satzung bestimmt, dass jedes Vorstandsmitglied den Verein alleine vertreten kann. Ist ein Vorstandsmitglied verhindert, an der Anmeldung mitzuwirken, kann er einen Dritten durch eine öffentlich beglaubigte Vollmacht bevollmächtigen, die Anmeldeerklärung für ihn abzugeben. Häufig wird in der Praxis der beurkundende Notar bevollmächtigt, die Anmeldung des Vereins beim Registergericht vorzunehmen, alle erforderlichen Erklärungen abzugeben und die notwendigen Unterlagen vorzulegen.

Die Anmelderklärung muss von den Vorstandsmitgliedern unterschrieben und die Unterschriften müssen von einer Urkundsperson – z. B. Notar, ◘ Abb. 2.1 – beglaubigt werden (§§ 77, 129 BGB, § 40 BeurkG). Der Anmeldung sind beizufügen:

Anmeldungsunterlagen

- die Satzung in Urschrift und Abschrift: Die Urschrift der Satzung muss von mindestens sieben Mitgliedern des Vereins (dies müssen nicht zwingend die Gründungsmitglieder sein) unterschrieben werden. Sie muss außerdem den Tag ihrer Errichtung enthalten. Die Abschrift der Satzung muss als solche gekennzeichnet werden und die Satzung in vollem Wortlaut wiedergeben. Die Unterschriften der Mitglieder können maschinenschriftlich angefügt werden.
- eine Abschrift der Urkunden über die Bestellung des Vorstands: In der Regel genügt eine unbeglaubigte Abschrift des Gründungsprotokolls, sofern in diesem die

2.1 · Wie ein rechtsfähiger Verein entsteht

Abb. 2.1 Beim Notar. (Rainald Fenke)

Bestellung des Vorstandes enthalten ist. Wird ein schon länger bestehender nicht rechtsfähiger Verein in einen rechtsfähigen Verein umgewandelt, kann das Protokoll der letzten Vorstandswahl vorgelegt werden.

Mit der Einreichung der Anmeldung beim zuständigen Gericht beginnt das Eintragsverfahren, für das innerhalb des Gerichts ein Rechtspfleger zuständig ist (§ 3 Nr. 1a RPflG). Im ersten Schritt prüft das Gericht, ob es örtlich überhaupt zuständig ist. Hat der Verein seinen satzungsgemäßen Sitz nicht im Bereich des Gerichts, bei dem die Anmeldung eingereicht wurde, wird der Antrag auf Eintragung wegen örtlicher Unzuständigkeit zurückgewiesen.

Ist das Gericht örtlich zuständig, prüft der Rechtspfleger in einem weiteren Schritt vor der Eintragung, ob die Anforderungen der §§ 56 bis 59 BGB erfüllt sind (§ 60 BGB). Es wird bei einem neu gegründeten Verein überprüft, ob die Gründung mit nicht wirtschaftlicher Zwecksetzung formell und materiell in Ordnung ist, ob die Anmeldung formgemäß ist und alle notwendigen Unterlagen beigefügt wurden. Die Prüfung erfolgt in erster Linie anhand der vom Vorstand eingereichten Unterlagen. Der Rechtspfleger kann darüber hinaus weitere Unterlagen anfordern, wenn er noch Aufklärungsbedarf sieht (§ 12 FGG).

Der Verein kann nicht eingetragen werden, wenn
- erforderliche Unterlagen fehlen und auch auf Anfordern nicht eingereicht werden.
- der Gründungsakt fehlerhaft ist, z. B. weil weniger als sieben Mitglieder die Satzung unterschrieben haben.
- die Satzung des Vereins insgesamt oder in wesentlichen Teilen unwirksam ist.

Eintragsverfahren

Eintragungshindernis

2.1.6 Muster

```
Amtsgericht - Registergericht
Postfach
00000 Musterstadt
                                    Musterstadt, den 00.00.0000
Eintragung in das Vereinsregister
Wir - die Unterzeichnenden - melden hiermit zur Ein-
tragung in das Vereinsregister an:
    1.  den am 00.00.0000 neu gegründeten Verein Mus-
        terstadt.
        Die Satzung wurde am 00.00.0000 errichtet.
    2.  den Vorstand dieses Vereins:
        als 1. Vorsitzenden Herrn / Frau (Vorname,
        Nachname, Geburtsdatum und vollständige An-
        schrift des Wohnortes) als stellvertretenden
        Vorsitzenden Herrn / Frau (Vorname, Nachname,
        Geburtsdatum und vollständige Anschrift des
        Wohnortes)

        Die Vorstandsmitglieder sind uneingeschränkt
        allein vertretungsberechtigt.

Der Anmeldung sind folgende Unterlagen beigefügt:
    1.  Satzung vom 00.00.0000, unterschrieben von
        sieben Vereinsmitgliedern, in Urschrift und
        einer beglaubigten Abschrift
    2.  Abschrift des Gründungsprotokolls vom
        00.00.0000 mit Bestellung des Vorstands
Sitz des Vereins ist Musterstadt.
Die Anschrift des Vereins lautet: Meilenstraße 333,
00000 Musterstadt.
Für Fragen stehen wir Ihnen gerne zur Verfügung.
Mit freundlichen Grüßen
Unterschriften
1. Vorsitzender                          stv. Vorsitzender


Beglaubigung Notar
```

2.1.7 Wiederholungsfragen

1. Welche gesetzlichen Regelungen gibt es zum Verfahren der Vereinsgründung? Lösung ▶ Kap. 2
2. Was ist eine Vorgründungsgesellschaft? Lösung ▶ Abschn. 2.1.1
3. Wie erfolgt in der Regel eine Vereinsgründung? Lösung ▶ Abschn. 2.1.2
4. Was ist ein Vorverein? Lösung ▶ Abschn. 2.1.3
5. Wie erlangt ein Verein die Rechtsfähigkeit? Lösung ▶ Abschn. 2.1.4

2.2 · Welches Recht gilt für den Verein?

6. Was ist bei der Anmeldung zum Vereinsregister zu beachten? Lösung ▶ Abschn. 2.1.5

2.2 Welches Recht gilt für den Verein?

Rechte und Pflichten des Vereins und seiner Mitglieder können sich aus verschiedenen Anspruchsgrundlagen ergeben.

2.2.1 Staatliches Verfassungsrecht

> **Artikel 9 GG – Vereinigungsfreiheit**
> (1) Alle Deutschen haben das Recht, Vereine und Gesellschaften zu bilden.
> (2) Vereinigungen, deren Zwecke oder deren Tätigkeit den Strafgesetzen zuwiderlaufen oder die sich gegen die verfassungsmäßige Ordnung oder gegen den Gedanken der Völkerverständigung richten, sind verboten.
> (3) Das Recht, zur Wahrung und Förderung der Arbeits- und Wirtschaftsbedingungen Vereinigungen zu bilden, ist für jedermann und für alle Berufe gewährleistet. Abreden, die dieses Recht einschränken oder zu behindern suchen, sind nichtig, hierauf gerichtete Maßnahmen sind rechtswidrig ...

Artikel 9 GG begründet das Recht sich zur Verfolgung bestimmter Zwecke zu Vereinen oder Gesellschaften zusammenzuschließen (Vereinsgründungsfreiheit). Er ist auch Grundlage der Vereinsautonomie, indem er Vereinen und Gesellschaften das Recht zugesteht, die eigenen Angelegenheiten oder Rechtsverhältnisse selbst zu regeln.

Vereinsautonomie

Überwiegend von Deutschen (= Personen mit deutscher Staatsbürgerschaft) gegründete oder gebildete Vereine können sich direkt auf Artikel 9 GG berufen, wenn es um ihre Vereinsautonomie geht. Ausländervereine (Ausländer in diesem Sinne sind Personen, die keine deutsche Staatsbürgerschaft haben) nach § 14 VereinsG steht eine Vereinsautonomie auch zu, sie ergibt sich aber implizit aus den Regelungen des BGB, insbesondere aus §§ 25, 32 Absatz 1, 58 BGB. Hauptbestandteil der Vereinsautonomie ist das Recht der Vereine, ihre Verfassung durch eine Satzung selbst regeln zu können.

Die Vereinigungsfreiheit ist nicht schrankenlos. Sie darf durch staatliche Regelungen (Gesetze) eingeschränkt werden, um die Sicherheit des Rechtsverkehrs oder Rechte der Mit-

Schranken der Vereinsfreiheit

glieder zu gewährleisten, aber auch um schutzbedürftige Belange Dritter oder öffentliches Interesse zu wahren. Diese Grundsätze wirken sich auf den rechtsfähigen Verein insoweit aus, als Anforderungen an den Mindestinhalt einer Satzung gestellt werden.

2.2.2 Vereinsverfassung

> **§ 25 BGB – Verfassung**
> Die Verfassung eines rechtsfähigen Vereins wird, soweit sie nicht auf den nachfolgenden Vorschriften beruht, durch die Vereinssatzung bestimmt.

Summe von Regeln

Die Verfassung eines Vereins ist die Summe aller Regeln, mit denen die Identität, die Organisation, die Satzung sowie das Wesentliche des Vereinslebens festgelegt werden.

Die Vereinsverfassung wird gekennzeichnet durch

zwingend
- die zwingenden Regelungen des BGB zu
    - Bestehen eines Vorstand (§ 26 Absatz 1 Satz 1 BGB),
    - Passivvertretung durch ein Vorstandsmitglied (§ 28 Absatz 2 BGB),
    - Notbestellung eines Vorstands durch das Amtsgericht (§ 29 BGB),
    - Haftung des Vereins für Organe (§ 31 BGB),
    - Ausschluss vom Stimmrecht (§ 34 BGB),
    - Sonderrechte (§ 35 BGB),
    - Berufung der Mitgliederversammlung (§ 36 BGB),
    - Berufung (der Mitgliederversammlung) auf Verlangen einer Minderheit (§ 37 BGB),
    - Austritt aus dem Verein (§ 39 Absatz 1 BGB).

konkretisierend
- die satzungsgemäß nicht abänderbaren, jedoch konkretisierbaren Vorschriften der
    - Vertretung (§ 26 Absatz 2 BGB),
    - Widerruflichen Bestellung des Vorstandes (§ 27 Absatz 2 BGB),
    - Fristen für Austritt (§ 39 Absatz 2 BGB).

abänderbar
- die durch Satzung abänderbaren (§ 40 BGB) Vorschriften zur
    - Bestellung des Vorstandes (§ 27 Absatz 1 BGB),
    - Geschäftsführung des Vorstandes (§ 27 Absatz 3 BGB),
    - Beschlussfassung des Vorstandes (§ 28 Absatz 1 BGB),
    - Beschlussfassung durch Mitgliederversammlung (§ 32 BGB),
    - Satzungsänderung (§ 33 BGB),
    - Übertragbarkeit der Mitgliedschaft (§ 38 BGB).

- die Satzung des Vereins: Der Verein muss sich eine Satzung geben, über die die Gründungsmitglieder bei Gründung des Vereins beschließen. Bei einem Verein, der eingetragen werden soll, muss die Satzung in schriftlich abgefasst werden, da sie bei der Anmeldung zum Registergericht beizufügen ist.

Satzung

Im Falle einer Liquidation des Vereins treten zu den genannten Vorschriften im Sinne einer Vereinsverfassung noch die Vorschriften der §§ 47 bis 52 BGB.

2.2.3 Vereinssatzung

Die Vereinssatzung ist – neben den zwingenden Vorschriften des BGB – das für den Verein verbindlich anzuwendende Recht in Bezug auf die Rechtsbeziehungen zwischen Verein und Mitgliedern. Aus der Satzung müssen sich die Grundentscheidungen ergeben, die für das zukünftige Vereinsleben maßgebend sein sollen.

Satzung in diesem Sinne ist die verbandsautonom geschaffene Grundordnung des Vereins, die die gesetzliche vorgesehene Grundordnung (§§ 21 ff. BGB) ergänzt oder im Rahmen des Zulässigen (§ 40 BGB) abändert. Die Satzung setzt materielles Recht, verbindlich werden nur solche Regelungen, die in der Satzungsurkunde aufgenommen wurden.

Grundordnung des Vereins

Satzung im materiellen Sinne sind daher alle sich aus dem Satzungstext ergebenden Regelungen, im formellen Sinn ist es die Satzungsurkunde.

Der Inhalt der Satzung lässt sich in drei Teile gliedern:
a. Muss-Bestimmungen = zwingend notwendige Regelungen, sie dürfen auf keinen Fall in der Satzung fehlen.
b. Soll-Bestimmungen = notwendige Regelungen, die ein rechtsfähiger Verein auf jeden Fall in seiner Satzung haben muss.
c. Kann-Bestimmungen = Regelungen, die gesetzliche Regelungen abändern oder weitere Regelungen schaffen.

Satzungsinhalt

Die Vereinssatzung eines eingetragenen, rechtsfähigen Vereins muss nach § 57 BGB zwingend Aussagen enthalten zu
- Vereinszweck: Die Gründungsmitglieder legen die Ziele fest, die der Verein erreichen soll. Diese Zielsetzung muss in der Satzung verankert werden.

Muss-Inhalt der Vereinssatzung

Beispiel
Förderung von Brauchtum: Zielsetzung eines Heimatvereins; Erhaltung, Ausbau oder Unterstützung eines Krankenhauses, einer

Schule, eines Kindergartens: Zielsetzung eines Fördervereins; Training, Ausübung einer oder mehrerer Sportarten, Wettkampfteilnahme: Zielsetzung eines Sport-, Turn- oder Fußballvereins.

- Vereinsnamen: Jeder Verein benötigt einen Namen. Diesen können die Gründungsmitglieder grundsätzlich frei wählen. Sie müssen allerdings darauf achten, dass sich der Name des neu gegründeten Vereins deutlich von Namen anderer im Ort/der Gemeinde bestehender Vereine unterscheidet (§ 57 Absatz 2 BGB). Generell gilt, dass der Name keine irreführenden Angaben enthalten darf und keine Aneinanderreihung von Buchstaben sein soll, die kein Wort bilden. Der Vereinsname kann, muss aber nicht auf den Zweck des Vereins hinweisen.

Vereinssitz
- Vereinssitz: Jeder Verein muss einen Sitz haben. Dieser wird in der Satzung festgelegt und kann von den Gründungsmitgliedern frei bestimmt werden. Der Verein muss aber an dem gewählten Sitz tatsächlich – und vor allen Dingen postalisch – zu erreichen sein. Als Sitz gilt – sofern in der Satzung nichts anderes festgelegt ist – grundsätzlich der Ort, an dem die Verwaltung des Vereins geführt wird (§ 24 BGB). Ein Verein, der die Rechtsfähigkeit durch Eintragung erlangen will, muss in seiner Satzung seinen Sitz ausdrücklich festlegen. Bei fehlender Sitzbestimmung in der Satzung wird die Eintragung verweigert.

Eintragungswille
- Eintragungswillen des Vereins in das Vereinsregister: Bei einem Verein, der die Rechtsfähigkeit durch Eintragung in das Vereinsregister anstrebt, muss dieser Eintragungswille ausdrücklich aus der Satzung hervorgehen.

Soll-Inhalt der Vereinssatzung

Nach § 58 BGB soll die Satzung eines Vereins, der ins Vereinsregister eingetragen werden will, Bestimmungen enthalten über

Ein- und Austrittsregeln
- Ein- und Austritt der Mitglieder: Es sind Aussagen darüber erforderlich, in welcher Form und unter welchen Voraussetzungen sich Ein- und Austritt vollziehen sollen. Die Satzung kann z. B. regeln, dass für den Eintritt ein Mindestalter notwendig ist, ein Aufnahmeverfahren zu durchlaufen ist oder dass der Austritt mit einer Kündigungsfrist zu erfolgen hat.

Beiträge
- Beitragserhebung und Beitragshöhe: Ein Verein muss nicht zwingend Mitgliederbeiträge erheben. Daher soll die Satzung eine Aussage darüber treffen, ob Beiträge von den Mitgliedern zu leisten sind. Art und Höhe der Beiträge müssen nicht in der Satzung stehen.
- Bildung des Vorstandes: Die Satzung muss zweifelsfrei festlegen, ob sich der Vorstand aus einer oder mehreren

Personen zusammensetzt. Besteht der Vorstand aus mehreren Personen, muss erkennbar sein, wer den Verein gerichtlich und außergerichtlich vertreten soll.

Beispiel
Der Verein soll von insgesamt fünf Personen geführt werden. Vertreten werden soll der Verein jedoch nur von zwei Personen davon. Die beiden Personen, die den Verein gerichtlich und außergerichtlich vertreten sollen, bilden den Vorstand im Sinne von § 26 BGB. Die übrigen drei Personen zählen nicht zum Vorstand. Die entsprechende Satzungsbestimmung könnte lauten: Der Vorstand besteht aus dem Vorsitzenden und dem stellvertretenden Vorsitzenden. Diese vertreten den Verein gerichtlich und außergerichtlich. Der erweiterte Vorstand besteht aus dem Vorstand und drei weiteren Mitgliedern. Der erweiterte Vorstand führt die laufenden Geschäfte des Vereins.

— Voraussetzungen und Form der Einberufung einer Mitgliederversammlung: Diese Regelungen kann der Verein in der Satzung frei festlegen, sie müssen aber eindeutig und bestimmt sein.

Mitgliederversammlung

— Form für die Beurkundung von Beschlüssen: Die Satzung kann eine bestimmte Form für die Beurkundung von Beschlüssen festlegen oder die Beurkundung ausschließen. Beschlüsse, die ins Vereinsregister einzutragen sind, bedürfen der Beurkundung. Zumindest für derartige Beschlüsse sollte daher die Beurkundung vorgesehen werden.

Beurkundungen

Jeder Verein kann wegen der Vereinsautonomie seine innere Ordnung – über die beschriebenen Muss- und Soll-Bestimmungen hinaus – selbst bestimmen. Trifft er über die Muss- und Soll-Bestimmungen hinaus keine Regelungen, gelten ergänzend die gesetzlichen Regelungen der §§ 21 ff. BGB, insbesondere für die Rechte der Mitglieder. Sollen die gesetzlichen Regelungen nicht gelten, muss der Verein in seiner Satzung andere Bestimmungen treffen. So kann der Verein in der Satzung z. B. regeln,

Kann-Inhalt der Vereinssatzung

— unter welchen Bedingungen ein Ausschluss aus dem Verein möglich sein soll. Der Ausschluss erfolgt gegen den Willen des Mitglieds und wird als eine Vereinsstrafe eingesetzt. Die Satzung kann regeln, aus welchen Gründen ein Ausschluss erfolgen kann (z. B. vereinsschädigendes Verhalten des Mitglieds), welches Vereinsorgan über den Ausschluss mit welchen Mehrheitsverhältnissen entscheiden soll.

Ausschluss

— aus welchen sonstigen Gründen – außer Tod, Austritt oder Ausschluss des Mitglieds – die Mitgliedschaft beendet werden kann. Die Vereinssatzung kann die Mitgliedschaft an besondere Eigenschaften des Mitglieds – z. B. Alter, Beruf – oder andere besondere Voraussetzungen knüpfen. Mit Wegfall der geforderten Eigenschaft oder Eintritt der besonderen Voraussetzung erlischt dann die Mitgliedschaft.

Beispiel

Ende der Mitgliedschaft

Die Satzung kann bestimmen, dass die Mitgliedschaft endet
- mit Erreichen des 50. Lebensjahres,
- wenn über das Vermögen des Mitglieds ein Insolvenzverfahren eröffnet wird,
- falls trotz Mahnung die Beiträge für mehr als zwei Geschäftsjahre nicht gezahlt werden.

Geschäftsjahr

- was als Geschäftsjahr gilt. Enthält die Satzung keine Bestimmung, ist Geschäftsjahr grundsätzlich das Kalenderjahr.

Satzungsänderung

- welches Vereinsorgan für eine Satzungsänderung zuständig ist und mit welchen Mehrheitsverhältnissen Satzungsänderungen beschlossen werden können (siehe auch Kapitel „Satzungsänderungen" ▶ Abschn. 2.2.5).

Darüber hinaus kann die Satzung vorsehen, dass andere Regelungswerke – z. B. Beitragsordnung – geschaffen werden sollen und diese neben der Satzung gelten sollen. Derartige Vereinsordnungen dürfen nicht gegen die Satzung verstoßen. Sie können – da sie nicht Teil der Satzung sind – ohne Einhaltung der §§ 33, 71 BGB geändert werden.

Gemeinnützigkeit

Über die Vorschriften des BGB hinausgehende Anforderungen an den Satzungsinhalt können dann gestellt werden, wenn der Verein steuerliche Vergünstigungen in Anspruch nehmen, insbesondere als gemeinnützig anerkannt werden will. Die Anerkennung als gemeinnützig können Vereine beantragen, die
- in gemeinnütziger Weise die Allgemeinheit auf materiellem, geistigem oder sittlichem Gebiet selbstlos fördern (§ 52 AO),
- in mildtätiger Weise hilfsbedürftige oder einkommensschwache Personen selbstlos unterstützen (§ 53 AO),
- mit kirchlicher Tätigkeit die Religionsgemeinschaften öffentlichen Rechts selbstlos fördern wollen (§ 54 AO).

Der Satzungsgeber – dies sind zunächst die Gründungsmitglieder, später die Mitgliederversammlung – hat einen großen Freiraum in der Formulierung der für den Verein normativen Regelungen zur Verwirklichung des Satzungszweckes. Allerdings hat auch diese Gestaltungsfreiheit ihre Grenzen:

Grenzen des Satzungsinhalts

- Ein wirksamer Satzungsinhalt darf grundsätzlich nicht gegen ein gesetzliches Verbot (§ 134 BGB) oder gegen

2.2 · Welches Recht gilt für den Verein?

die guten Sitten (§ 138 BGB) verstoßen. Regelungen, die gegen die §§ 134, 138 BGB verstoßen, sind nichtig.
- Die Satzung darf keine Regelungen enthalten, die in die Rechte von Nichtmitgliedern oder in das Privatleben der Mitglieder eingreifen. Entsprechende Bestimmungen sind nichtig.
- Regelungen zur Rechtsstellung von Mitgliedern unterliegen der richterlichen Inhaltskontrolle auf ihre Vereinbarkeit mit Treu und Glauben (§ 242 BGB). Der Verein hat – auch durch die Regelungen der Satzung – auf die schützenswerten Belange seiner Mitglieder Rücksicht zu nehmen sowie den Grundsatz der Gleichbehandlung zu beachten. Eine sachfremde Bevorzugung oder Benachteiligung von Mitgliedern ist unzulässig.

Die Satzung eines Vereins enthält objektives Recht, das für die gegenwärtigen Vereinsmitglieder, aber auch für die zukünftigen Mitglieder sowie für Dritte, zu denen der Verein Rechtsbeziehungen unterhält, gilt. Mehrdeutige oder unklare Regelungen in der Satzung müssen ausgelegt werden. Dabei kann die Mitgliederversammlung verbindliche Beschlüsse fassen, wie die entsprechende unklare Regelung ausgelegt werden soll. An derartige Beschlüsse sind der Verein, seine Organe und die Mitglieder dann gebunden. Nicht daran gebunden sind Schiedsgerichte oder die ordentlichen Gerichte. Diese können – sofern sie wegen einer unklaren Satzungsbestimmung angerufen werden – die Auslegung in eigener Kompetenz vornehmen und/oder den satzungsauslegenden Beschluss der Mitgliederversammlung überprüfen.

Auslegung durch Mitgliederversammlung

Sind einzelne Bestimmungen der Satzung unwirksam, ist in der Regel nicht gleich die gesamte Satzung unwirksam. Es muss vielmehr geprüft werden, ob der Vereinszweck und die übrigen fehlerfreien Bestimmungen der Satzung den Belangen der Mitglieder gerecht werden und ein sinnvolles Vereinsleben möglich ist (BGHZ 47, 172/180). Ist dies der Fall, behält der fehlerfreie Teil der Satzung seine Gültigkeit. Der fehlerhafte Teil muss im Wege einer Satzungsänderung oder Satzungsergänzung berichtigt werden.

unwirksame Klauseln

2.2.4 Vereinsordnung

Neben der Satzung können Vereinsordnungen bestehen, die das Vereinsleben näher ausgestalten und in der Regel verbindlich sein sollen. Vereinsordnungen kommen z. B. vor als Wettkampfordnung, Wahlordnung oder Schiedsgerichtsordnung. Vereinsordnungen werden häufig dann neben der Satzung als

Regelung neben der Satzung

eigenständige Ordnung vom Verein beschlossen, wenn die Übersichtlichkeit der Satzung ansonsten leiden würde. Damit Vereinsordnungen neben der Satzung verbindlichen Charakter haben können, muss die eigentliche Satzung des Vereins – die Hauptsatzung – eine ausdrückliche Ermächtigung zum Erlassung von Vereinsordnungen enthalten.

Ermächtigung in Satzung notwendig

Aus der Ermächtigung muss sich ergeben, welches Vereinsorgan in welchem näher bestimmten Umfang zum Erlass einer Vereinsordnung zuständig ist. Fehlt es an einer derartigen Bestimmung, ist für den Erlass einer Vereinsordnung die Mitgliederversammlung zuständig.

Eine Vereinsordnung darf inhaltlich nicht gegen die Satzung verstoßen und keine für das Vereinsleben bestimmenden Grundsatzentscheidungen treffen. Der Vereinszweck oder der Vereinssitz können mit einer Vereinsordnung daher nicht geregelt werden.

Die Vereinsordnung ist für die Mitglieder nur dann verbindlich, wenn sie in vereinsüblicher Weise bekannt gemacht wurde.

Geschäftsordnung

Die Vereinsordnung ist von der Geschäftsordnung zu unterscheiden: Eine Geschäftsordnung regelt im Allgemeinen die Vorbereitung oder den verfahrensmäßigen Ablauf einer Sitzung oder Versammlung. Sie kann aber auch die interne Arbeitsaufteilung zwischen mehreren Vorständen regeln, Berechtigungen und Verpflichtungen zwischen Vereinsorganen oder Vorständen aufteilen, Wahlmodalitäten beschreiben. Eine Geschäftsordnung regelt den Geschäftsgang einzelner Vereinsorgane und ist nur für diese verbindlich.

2.2.5 Satzungsänderungen

Eine Satzungsänderung ist jede Änderung des Wortlauts der Satzungsurkunde. Eine Satzungsänderung liegt daher z. B. vor, wenn
- der Wortlaut einer Bestimmung anders gewählt werden soll,
- eine Satzungsvorschrift aufgehoben werden soll,
- eine neue Bestimmung eingefügt oder eine bereits bestehende ergänzt werden soll.

Im Zweifel ist jede Änderung des bei der Anmeldung zum Vereinsregister eingereichten Satzungstextes eine Satzungsänderung und kann nur durch die Mitgliederversammlung oder das durch Satzung bestimmte zuständige Organ vorgenommen werden.

2.2 • Welches Recht gilt für den Verein?

Nach dem Gesetz ist für Satzungsänderungen die Mitgliederversammlung zuständig (§ 33 BGB). Die Satzung kann allerdings ein anderes Vereinsorgan als zuständig bestimmen oder die Satzungsänderung von der Zustimmung eines Mitglieds oder der Genehmigung eines Dritten abhängig machen. Der Verein kann seine eigene Satzungsautonomie also grundsätzlich einschränken, allerdings nur so weit, dass er immer noch die Möglichkeit hat, selbst Satzungsrecht zu setzen. Der Verein darf die Möglichkeit, durch Satzungsänderung das für ihn geltende Recht zu ändern, zu ergänzen oder neu zu schaffen, nicht vollständig aus der Hand geben.

Mitgliederversammlung zuständig

Satzungsänderungen werden nur dann wirksam, wenn die entsprechenden Formalien eingehalten werden, die im Gesetz oder in der Satzung für Satzungsänderungen vorgegeben sind. Enthält die Satzung keine Regelungen, finden die gesetzlichen Bestimmungen des § 33 BGB Anwendung. Danach muss für eine Satzungsänderung

Formalien

- eine Mitgliederversammlung ordnungsgemäß – also frist- und formgerecht – einberufen werden,
- die Mitgliederversammlung beschlussfähig sein und
- die Satzungsänderung mit der notwendigen Mehrheit der Mitglieder angenommen worden sein.

§ 33 BGB

Welche Mehrheit notwendig ist, hängt vom Inhalt der Satzungsänderung ab. In der Regel ist eine Mehrheit von drei Viertel der erschienenen Mitglieder notwendig, der Vereinszweck kann aber nur mit Zustimmung aller Mitglieder geändert werden.
Die Satzung kann die im Gesetz vorgesehenen Mehrheitsverhältnisse mildern (z. B. einfache Mehrheit genügen lassen) oder verschärfen (z. B. Einstimmigkeit vorschreiben).

- im Vereinsregister eingetragen werden, um Wirksamkeit zu erlangen. Die Eintragung hat konstitutive Wirkung, d. h. solange sie nicht erfolgt ist, wirkt die Satzungsänderung nicht im Verhältnis zu Mitgliedern und Dritten. Bis zur Eintragung der neuen (geänderten) Satzung oder Satzungsbestimmung gilt die alte Satzung/Satzungsbestimmung unverändert fort.

erst mit Eintragung wirksam

Fassen die Vereinsorgane aufgrund der geänderten, aber noch nicht eingetragenen geänderten Satzung Beschlüsse, sind diese zwar gültig, stehen aber unter der aufschiebenden Bedingung der Eintragung der Satzungsänderung und werden daher erst mit dieser wirksam.
Die Eintragung der Satzungsänderung ins Vereinsregister muss angemeldet werden. Es gelten insoweit die gleichen Regeln wie bei der Ersteintragung des Vereins.

Was muss und kann eine Vereinssatzung regeln?

Notwendiger Inhalt
- Vereinszweck
- Vereinssitz
- Vereinsname
- Bestimmung, dass der Verein eingetragen werden soll
- Regelungen zum Eintritt von Mitgliedern
- Regelungen zum Austritt von Mitgliedern
- Regelungen zur Beitragspflicht
- Bildung eines Vorstandes im Sinne von § 26 BGB
- Voraussetzungen der Berufung der Mitgliederversammlung
- Form der Berufung der Mitgliederversammlung
- Beurkundung der Beschlüsse der Mitgliederversammlung

Weiterer möglicher Inhalt
- Regelungen über den Ausschluss aus dem Verein
- Regelung von Vereinsstrafen
- Beendigung der Mitgliedschaft aus sonstigen Gründen
- Bestimmung des Geschäftsjahres
- Voraussetzungen für eine Satzungsänderung
- Regelungen zur Änderung des Vereinszwecks
- Einrichtung eines Schiedsgerichts
- Aufstellung von Vereinsordnungen

2.2.6 Zusammenfassung

- Artikel 9 des Grundgesetzes ist die Grundlage der Vereinsautonomie. Er räumt jedem Deutschen das Recht ein, Vereine zu gründen und für diese im Rahmen der geltenden Gesetze eigenes Recht in Form von Vereinsatzungen zu schaffen.
- Die Regelungen der §§ 21 ff. BGB gelten als gesetzliche Vereinsverfassung. An ihnen muss sich die Vereinssatzung orientieren.
- Die Vereinssatzung ist das vom Verein für sein Vereinsleben selbst gesetzte verbindliche Recht.
- Die Vereinssatzung eines rechtsfähigen Vereins muss einen Mindestinhalt haben, der in §§ 57, 58 BGB vorgegeben ist. Darüber hinaus kann die Vereinsatzung noch weitere Bestimmungen enthalten und mit diesen auch die in § 40 BGB genannten gesetzlichen Vorschriften abändern.
- Ergänzend neben der Vereinssatzung – als Ersatz für fehlende Satzungsregelungen oder zur Auslegung von Satzungsregelungen – gelten die gesetzlichen Vorschriften.

- Vereinsordnungen sind Regelungen außerhalb der Vereinssatzung. Sie können erlassen werden, wenn die Vereinssatzung eine ausdrückliche Ermächtigung hierzu enthält. Vereinsordnungen haben das Ziel, das Vereinsleben näher und für die Mitglieder verbindlich auszugestalten.

2.2.7 Wiederholungsfragen

1. Wie wirkt sich staatliches Verfassungsrecht auf eine Vereinsgründung aus? Lösung ▶ Abschn. 2.2.1
2. Was versteht man unter Vereinsverfassung? Lösung ▶ Abschn. 2.2.2
3. Was kann die Vereinssatzung regeln? Lösung ▶ Abschn. 2.2.3
4. Welche Funktionen erfüllen Vereinsordnungen? Lösung ▶ Abschn. 2.2.4
5. Was ist bei Satzungsänderungen zu beachten? Lösung ▶ Abschn. 2.2.5

2.3 Die Mitgliedschaft im Verein

Die Mitgliedschaft kennzeichnet die Rechtsposition des einzelnen Mitglieds zu seinem Verein. Das BGB kennt nur die ordentliche Mitgliedschaft und legt einige Rechte und Pflichten eines ordentlichen Mitglieds im Allgemeinen fest. Die Satzung eines Vereins kann über die Regelungen des BGB hinausgehen und weitere Mitgliedschaftsformen und weitere Rechte und Pflichten vorsehen.

2.3.1 Das Wesen der Mitgliedschaft

In erster Linie ist die Mitgliedschaft ein Rechtsverhältnis zwischen dem Verein und dem Mitglied. Sie begründet aber auch ein subjektives Recht, aus dem heraus jedes Mitglied verlangen kann, nicht entgegen vereinsrechtlichen Bestimmungen behandelt zu werden und aus dem heraus es gegen unwirksame Vereinsbeschlüsse gerichtlich vorgehen kann.

Darüber hinaus ist die Mitgliedschaft in einem Verein ein sonstiges Recht im Sinne von § 823 Absatz 1 BGB. Die Mitgliedschaft wird somit vor Verletzungen durch Dritte, vor Eingriffen von Vereinsorganen und Vereinsmitgliedern geschützt.

Rechtsverhältnis

> **§ 38 BGB – Mitgliedschaft**
> Die Mitgliedschaft ist nicht übertragbar und nicht vererblich. Die Ausübung der Mitgliedschaftsrechte kann nicht einem anderen überlassen werden.

Die Mitgliedschaft in einem Verein

höchstpersönlich
- hat höchstpersönlichen Charakter: Sie kann weder übertragen, noch vererbt, noch verpfändet oder gepfändet werden. Die Regelung des § 38 BGB kann allerdings durch Satzungsbestimmungen geändert werden. Ändert die Satzung des Vereins die gesetzliche Regelung ab und lässt die Übertragung der Mitgliedschaft ausdrücklich zu, dann kann die Mitgliedschaft auch verpfändet und gepfändet werden. Die Satzung kann auch erlauben, dass die Mitgliedschaft vererbt werden kann.

einmalig
- kann nur einmal bestehen. D. h. Man kann in einem Verein nur einmal Mitglied sein – im Gegensatz zu einer Genossenschaft, an der man mehrere Genossenschaftsanteile erwerben kann.

Erlaubt die Satzung die Vererbung der Mitgliedschaft und wird Erbe eine Person, die bereits Mitglied ist, vereinigt sich die bestehende mit der ererbten Mitgliedschaft zu einer einzigen Mitgliedschaft. Ggf. – je nach Art der vererbten Mitgliedschaft – können sich dadurch die Rechte der bestehenden Mitgliedschaft erweitern.

2.3.2 Arten von Mitgliedschaften

2.3.2.1 Organmitgliedschaft

Vorstand
Wer keine Organstellung in einem Verein hat, wird als gewöhnliches oder ordentliches Mitglied bezeichnet. Erwirbt das gewöhnliche Mitglied eine Organstellung, z. B. weil es zum ersten Vorstand gewählt wird, wird es für die Dauer seiner Organstellung als Organmitglied bezeichnet.

keine besseren Rechte
Ein Organmitglied hat aus seiner Eigenschaft als Organ des Vereins besondere Rechte und Pflichten, die sich aus dem Gesetz ergeben und/oder in der Satzung geregelt sein können. Zu derartigen Rechten und Pflichten zählt z. B. die außergerichtliche und gerichtliche Vertretung des Vereins durch den Vorstand.

Die Organstellung begründet aber keine weiteren oder besseren Rechte bezüglich der Mitgliedschaft. Das Organmitglied hat nach dem Gesetz nicht mehr Rechte und Pflichten aus seiner Mitgliedschaft als ein gewöhnliches Mitglied.

Beispiel
Martin Mai wird zum ersten Vorsitzenden des Bürgervereins M gewählt. Zum Zeitpunkt seiner Wahl ist er Student und zahlt deswegen nur einen verringerten Mitgliedsbeitrag. Mai beendet sein Studium sechs Monate nach der Wahl. Er will gleichwohl auch zukünftig nur den verringerten Beitrag zahlen mit der Begründung, als Vorsitzender leiste er viel für den Verein. Er lässt einen entsprechenden Vorstandsbeschluss fassen.

Mai kann als Vorstand hinsichtlich des Beitrags keine Vergünstigung beim Mitgliedsbetrag verlangen, wenn er die Voraussetzungen hierfür nicht mehr erfüllt. Wenn ein gewöhnliches Vereinsmitglied nach Wegfall der Voraussetzungen für einen ermäßigten Beitrag den vollen Beitrag zahlen muss, gilt dies auch für Mai während seiner Stellung als Organmitglied. Der von Mai veranlasste Vorstandsbeschluss ist daher unwirksam.

Endet die Organstellung, rückt das Organmitglied wieder in die Reihe der gewöhnlichen oder ordentlichen Mitglieder.

2.3.2.2 Ordentliche Mitgliedschaft

Das Gesetz geht von einer ordentlichen Mitgliedschaft aus, die als Vollmitgliedschaft bezeichnet wird. Ein Vollmitglied ist immer auch ein gewöhnliches Mitglied. Wesentlicher Grundgedanke der Vollmitgliedschaft ist, dass im gleichen Verein alle Mitglieder die gleichen Rechte und Pflichten haben sollen. Diese Maxime wird in einem Umkehrschluss aus § 35 BGB hergeleitet.

Vollmitglied

> **§ 35 BGB – Sonderrechte**
> Sonderrechte eines Mitglieds können nicht ohne dessen Zustimmung durch Beschluss der Mitgliederversammlung beeinträchtigt werden.

Für diese Vollmitgliedschaft legen die §§ 21 ff. BGB einige Rechte und Pflichten ausdrücklich fest. Der Kernbereich dieser Rechte und Pflichten besteht aus:

- Recht auf Teilnahme an Mitgliederversammlungen (§ 32 Absatz 1 BGB),
- Recht auf Beteiligung an einer schriftlichen Abstimmung (§ 32 Absatz 2 BGB),
- Recht auf Minderheitenschutz (§ 37 BGB),
- Recht auf freien Austritt (§ 39 BGB),
- Verpflichtung, nicht an Abstimmungen teilzunehmen, die das Mitglied selbst betreffen (§ 34 BGB).

Kernbereich der Mitgliederrechte

Die Satzung des Vereins kann neben der Vollmitgliedschaft Sonderformen in Form abgestufter Mitgliedschaften vorsehen. Welche Bedingungen für die abgestuften Mitgliedschaften erfüllt werden müssen, legt ebenfalls die Satzung fest. Dasselbe gilt für die mit den abgestuften Mitgliedschaften verbundenen Rechte und Pflichten.

2.3.2.3 Außerordentliche Mitgliedschaft

Satzungsregelung erforderlich

Grundsätzlich haben im gleichen Verein alle Mitglieder die gleichen Rechte und Pflichten. Dieser Grundsatz kann aber durch ausdrückliche Satzungsregelungen durchbrochen werden mit der Folge, dass bestimmten Mitgliedschaften besondere Rechte und Pflichten zugeordnet werden.

Meistens haben außerordentliche Mitglieder weniger Rechte und Pflichten als ordentliche Mitglieder. Es gibt aber keine rechtliche Vorschrift, die es dem Verein verbietet, außerordentlichen Mitgliedern mehr Rechte und Pflichten einzuräumen als ordentlichen Mitgliedern.

Für alle außerordentlichen Mitgliedschaften gilt:

sachlicher Grund

- Die entsprechenden Satzungsregelungen durchbrechen den Gleichheitsgrundsatz. Dies ist aber rechtlich nur wirksam, wenn für die unterschiedliche Behandlung ein sachlicher Grund besteht.
- Die Satzung muss genau bestimmen, welche Rechte und Pflichten die jeweilige Kategorie der außerordentlichen Mitglieder hat.

Zustimmung

- Wird eine außerordentliche Mitgliedschaft nach der Gründung durch eine Satzungsänderung eingeführt und werden hierdurch vorhandene Mitglieder betroffen, müssen alle von der Satzungsänderung betroffenen Mitglieder der Änderung ausdrücklich zustimmen.
- Werden außerordentliche Mitgliedschaften bereits in der Gründungssatzung geregelt, müssen die Gründungsmitglieder zustimmen, die davon betroffen sind.

Teilnahme an Mitgliederversammlung

- Jedes außerordentliche Mitglied hat ein Teilnahmerecht an der Mitgliederversammlung nach § 32 BGB sowie das Minderheitenrecht nach § 37 BGB. Diese beiden Rechte können keinem außerordentlichen Mitglied durch Satzungsbestimmung aberkannt werden.

Beispiele für außerordentliche Mitgliedschaften:
- Gastmitgliedschaft,
- Jugendmitgliedschaft,
- Fördermitgliedschaft,
- Probemitgliedschaft,
- Ehrenmitgliedschaft.

2.3 • Die Mitgliedschaft im Verein

2.3.2.4 Mittelbare Mitgliedschaft

Gehört ein Verein einem Spitzen- oder Dachverband an, kann – je nach Satzungsbestimmungen – eine mittelbare Mitgliedschaft vorliegen. Mittelbare Mitgliedschaft bedeutet, dass der eigene Verein selbst wiederum Mitglied in einem Verein ist und hierdurch ein mittelbares Rechtsverhältnis zwischen dem Vereinsmitglied und dem übergeordneten Verein begründet wird.

Verein ist selbst Mitglied

Beispiel
Lea Schneider ist direktes Vereinsmitglied im Tischtennisverein Pingpong. Dieser Verein ist seinerseits Mitglied im Landesverband. Lea Schneider ist dann mittelbares oder indirektes Mitglied des Landesverbandes. Ist der Landesverband seinerseits wiederum Mitglied in einer Dachorganisation, besteht auch zu diesem eine mittelbare Mitgliedschaft.

2.3.3 Rechte der Mitglieder

Die Mitgliedschaft ist ein Rechtsverhältnis zwischen dem Mitglied und dem Verein. Aus diesem Rechtsverhältnis stehen dem Mitglied Rechte – aber auch Pflichten (siehe hierzu den nächsten ▶ Abschn. 2.3.4) zu. Bei den Mitgliederrechten kann man unterscheiden zwischen den allgemeinen Mitgliederrechten und den Sonderrechten.

Die allgemeinen Mitgliederrechte stehen jedem Mitglied zu. Sonderrechte werden nur bestimmten Mitgliedern oder Mitgliedergruppen durch eine ausdrückliche Satzungsbestimmung eingeräumt. Räumt die Satzung Sonderrechte ein, können diese nur mit Zustimmung des Mitglieds aufgehoben oder beschränkt werden.

allgemeine Rechte

> **§ 35 BGB – Sonderrechte**
> Sonderrechte eines Mitglieds können nicht ohne dessen Zustimmung durch Beschluss der Mitgliederversammlung beeinträchtigt werden.

Zu den wichtigsten Mitgliederrechten zählen das Recht auf
- Teilnahme an der Mitgliederversammlung (§ 32 BGB),
- Einberufung einer Mitgliederversammlung (§ 37 BGB),
- Austritt aus dem Verein (§ 39 BGB), lesen Sie mehr hierzu im ▶ Abschn. 2.3.7.

2.3.3.1 Mitverwaltungsrechte

> **§ 32 BGB – Mitgliederversammlung; Beschlussfassung**
> (1) Die Angelegenheiten des Vereins werden, soweit sie nicht von dem Vorstand oder einem anderen Vereinsorgan zu besorgen sind, durch Beschlussfassung in einer Versammlung der Mitglieder geordnet. Zur Gültigkeit des Beschlusses ist erforderlich, dass der Gegenstand bei der Berufung bezeichnet wird. Bei der Beschlussfassung entscheidet die Mehrheit der erschienenen Mitglieder.
> (2) Auch ohne Versammlung der Mitglieder ist ein Beschluss gültig, wenn alle Mitglieder ihre Zustimmung zu dem Beschluss schriftlich erklären.

Teilnahme an Mitgliederversammlung

Das Recht zur Teilnahme an der Mitgliederversammlung ermöglicht es dem Mitglied, aktiv am Vereinsleben teilzunehmen und mitzubestimmen. Damit er sein Recht ausüben kann, kann er verlangen, dass er

- ordnungsgemäß zur Mitgliederversammlung eingeladen wird; die Einladung muss nicht nur frist- und formgerecht sein, sondern auch die Tagesordnung der Mitgliederversammlung enthalten. Mit welcher Frist und in welcher Form einzuladen ist, ergibt sich in der Regel aus der Vereinssatzung;

Rederecht
- auf der Mitgliederversammlung seine Meinung sagen darf (Rederecht),

Auskunfts- und Antragsrecht
- Auskunft auf seine Fragen bekommt (Auskunftsrecht),
- Anträge stellen kann (Antragsrecht, z. B. den Antrag auf Änderung oder Ergänzung der Tagesordnung nach Erhalt der Einladung zur Mitgliederversammlung oder Anträge auf Beschlussfassung in der Mitgliederversammlung).

Stimmrecht

Außerdem ergibt sich aus dem Recht auf Teilnahme an der Mitgliederversammlung, dass das Mitglied sein Stimmrecht ausüben sowie aktiv wählen und passiv gewählt werden darf.

Diese sich aus § 32 BGB abgeleiteten Mitgliederrechte können durch Regelungen in der Satzung erweitert werden.

2.3.3.2 Schutzrechte

> **§ 37 BGB – Berufung auf Verlangen einer Minderheit**
> (1) Die Mitgliederversammlung ist zu berufen, wenn der durch die Satzung bestimmte Teil oder in Ermangelung einer Bestimmung der zehnte Teil der Mitglieder die Berufung schriftlich unter Angabe des Zweckes und der Gründe verlangt.
> (2) Wird dem Verlangen nicht entsprochen, so kann das Amtsgericht die Mitglieder, die das Verlangen gestellt haben, zur Berufung der Versammlung ermächtigen; es kann Anordnungen über die Führung des Vorsitzes in der Versammlung treffen. Zuständig ist das Amtsgericht, das für den Bezirk, in dem der Verein seinen Sitz hat, das Vereinsregister führt. Auf die Ermächtigung muss bei der Berufung der Versammlung Bezug genommen werden.

Bei § 37 BGB handelt es sich um ein Schutzrecht zugunsten einer Minderheit von Mitgliedern im Verein. Ein Zehntel der Mitglieder – oder der in der Satzung festgelegte Minderheitenanteil – kann unter Angabe von Gründen die Einberufung einer Mitgliederversammlung verlangen und dies auch gerichtlich durchsetzen.

Minderheitenschutz

Jedes Mitglied, das einen Beschluss der Mitgliederversammlung für fehlerhaft oder unrichtig hält, kann diesen Beschluss anfechten und die Wirksamkeit des Beschlusses gerichtlich überprüfen lassen.

In Disziplinar- oder Ausschlussverfahren gegen ein Mitglied hat das betroffene Mitglied einen Anspruch auf rechtliches Gehör. D. h. das Mitglied muss erfahren, was gegen ihn vorliegt oder welche Vorwürfe gegen es erhoben werden. Das Mitglied muss Gelegenheit haben, sich zu den gegen es erhobene Vorwürfe zu äußern. Allerdings ist das Mitglied nicht verpflichtet, Stellung zu nehmen.

rechtliches Gehör

Ein weiteres Schutzrecht ist das Recht auf gleichmäßige Behandlung. Die Mitglieder haben einen Anspruch auf relative Gleichbehandlung. D. h. bei gleichen Voraussetzungen hat jedes Mitglied das Recht, wie andere Mitglieder behandelt zu werden. Der Verein hat allen Mitgliedern bei gleichen Voraussetzungen gleiche Rechte zu gewähren, aber auch gleiche Pflichten aufzuerlegen. Differenzierungen sind aus sachlichen Gründen erlaubt. Der Verein kann also durchaus Mitglieder oder Mitgliedergruppen besser oder schlechter stellen. Diese Besser- oder Schlechterstellung darf aber nicht ungerechtfertigt oder sach-

Gleichbehandlung

widrig sein. Sachlich gerechtfertigte Differenzierungen liegen z. B. in den unterschiedlichen Mitgliedschaften und den damit verbundenen abgestuften Mitgliederrechten (z. B. ordentliche Mitgliedschaft, außerordentliche Mitgliedschaft, Gastmitgliedschaft) oder in unterschiedlichen Mitgliedsbeiträgen für Familien mit und ohne Kinder. Eine unterschiedliche, sachlich aber gerechtfertigte Differenzierung kann auch z. B. sein:

- bei Sportvereinen die Zuordnung zu unterschiedlichen Mannschaften entsprechend der Spielerfahrung, des Trainingsstandes usw.,
- die Vergabe von Spielplätzen nach der Reihenfolge des Antrags,
- die Beitragsfreiheit für Ehrenmitglieder,
- geringere Beiträge für Jugendliche, Studenten, Auszubildende im Vergleich zu übrigen Vereinsmitgliedern.

2.3.3.3 Sonderrechte

Zu den Sonderrechten zählen

- Wertrechte (auch Vermögenswerte oder Genussrechte genannt): Zu diesen zählen z. B. das Recht auf Bezug der Vereinszeitschrift, auf Erhalt von Vergünstigungen (wenn der Verein denn solche gewährt), das Recht auf Teilnahme an Vereinsveranstaltungen (z. B. an der Weihnachtsfeier). Sofern die Satzung eine Regelung enthält, dass das Vereinsvermögen bei Auflösung des Vereins an die Mitglieder fallen soll, ist ein Wertrecht auch der Anspruch auf den Anfall des anteiligen Vereinsvermögens. Dieser Anspruch steht in der Regel den bei Auflösung des Vereins noch vorhandenen Mitgliedern zu.
- Gläubigerrechte: Diese Rechte folgen nicht aus der Mitgliedschaft, sondern aus einem anderen Rechtsverhältnis zwischen dem Mitglied und dem Verein. Ein Gläubigerrecht kann ein Mitglied z. B. dadurch erlangen, dass er dem Verein ein Darlehen gewährt. Die Mitgliedschaft im Verein ist bei diesen Gläubigerrechten der einzelnen Mitglieder lediglich das Motiv zur Begründung des Rechtsverhältnisses.

2.3.4 Pflichten der Mitglieder

Den Rechten der Mitglieder stehen auch Pflichten gegenüber. Die Pflichten der Mitglieder werden durch die Satzung begründet. Mit dem Beitritt zum Verein unterwirft sich das Mitglied den Bestimmungen der Satzung – unabhängig davon, ob der Beitretende die Satzung kennt oder nicht.

2.3.4.1 Treuepflichten

Nach ihrem Beitritt müssen die Mitglieder den Vereinszweck und die gemeinsamen Interessen des Vereins fördern. Die Mitglieder haben sich gegenüber dem Verein loyal zu verhalten und jedes Verhalten, das den Verein schädigen kann, zu unterlassen.

Förderpflicht

Der Verein kann unter dem Gesichtspunkt der Treuepflicht von jedem einzelnen Mitglied verlangen, dass es
- mit andern Vereinsmitgliedern zusammenarbeitet,
- Vereinsämter übernimmt,
- geringfügige Dienstleistungen für den Verein erbringt.

Treuepflicht

Die Satzung kann auch einzelne Pflichten ganz genau in der Satzung festlegen, z. B. dass jedes Mitglied jedes Jahr 10 h ehrenamtlich Dienstleistungen für den Verein erbringen und die Erbringung nachweisen muss.

Weitere Pflichten der Mitglieder können sich aus einem in der Satzung aufgenommenen Sanktionenkatalog ergeben. Wenn eine bestimmte Verhaltensweise mit einer Sanktion – z. B. Rüge, Verbandsausschluss – belegt ist, kann aus dieser Formulierung geschlossen werden, welches bestimmte Verhalten der Verein von seinen Mitgliedern erwartet.

2.3.4.2 Zahlungspflichten

Jedes Mitglied hat den in der Satzung oder in der hierzu erlassenen Beitragsordnung festgelegten Mitgliederbeitrag in der festgesetzten Höhe und zum festgelegten Zeitpunkt zu zahlen. Diese Zahlungspflicht ist das Gegenstück zu den vermögenswerten Rechten der Mitglieder (Teilhabe am Vereinsvermögen u. ä.). Bei der Festlegung der Mitgliederbeiträge hat der Verein den Gleichheitsgrundsatz zu beachten. Unterschiedliche Beiträge sind dennoch möglich, wenn sie sachlich gerechtfertigt sind.

Beitrag

Neben den regulären Mitgliedsbeiträgen kann der Verein in der Satzung auch die Pflicht zur Zahlung von Sonderbeiträgen oder außerordentlichen Umlagen festlegen. Die Satzungsregelung muss aber auch die Voraussetzungen festlegen, unter denen diese Sonderzahlungen von den Mitgliedern verlangt werden können.

Sonderbeiträge

Beispiel
Die Satzung bestimmt, dass zur Deckung eines finanziellen Sonderbedarfs von den Mitgliedern eine Sonderumlage bis zur Höhe eines Jahresmitgliedsbeitrags gefordert werden kann. Voraussetzung ist ein Beschluss der Mitgliederversammlung, der sowohl die Ursache des Sonderbedarfs enthält als auch die Höhe der Sonderumlage festlegen muss.
Wenn der Verein z. B. Kosten für den Umbau des Vereinsheims hat, kann er in der Mitgliederversammlung aufgrund der Satzungsbestimmung eine Sonderumlage beschließen lassen.

2.3.4.3 Sonderpflichten

durch Satzung

Genauso wie Mitgliedern Sonderrechte eingeräumt werden können, können ihnen auch Sonderpflichten auferlegt werden. In der Praxis bestehen Sonderpflichten meistens darin, dass bestimmten Mitgliedergruppen höhere Beiträge auferlegt oder besondere Arbeitsleistungen abgefordert werden.

Sonderpflichten müssen in der Satzung ausdrücklich geregelt werden.

2.3.5 Wie wird man Mitglied?

Mitglied im Verein wird man durch
- Mitwirkung an der Gründung des Vereins
- oder nach Vereinsgründung durch Beitritt.

Gründungsmitglied oder Beitritt

In beiden Fällen bewirkt die Mitgliedschaft ein Rechtsverhältnis zwischen dem Verein und dem Mitglied. Sie kennzeichnet die Rechtsposition des Mitglieds im Verein.

Wird die Mitgliedschaft durch Beitritt erworben, schließen das Neumitglied und der Verein einen Vertrag. Ein wirksamer Beitritt setzt daher voraus, dass der Vorstand des Vereins die Beitrittserklärung des Mitglieds annimmt. Da ein Vertrag geschlossen wird, kann der Vorstand den Beitrittsantrag aber auch ablehnen.

Wer volljährig ist, besitzt die uneingeschränkte Geschäftsfähigkeit und kann sich an der Gründung eines Vereins beteiligen und/oder durch Beitritt eine Mitgliedschaft erwerben.

Minderjährige

Für noch nicht Volljährige gelten folgende Regeln: Ist das potentielle Mitglied
- geschäftsunfähig, muss der gesetzliche Vertreter die Beitrittserklärung abgeben, da ein Geschäftsunfähiger keine wirksame Willenserklärung äußern kann. Geschäftsunfähig sind z. B. Kinder unter sieben Jahren.
- beschränkt geschäftsfähig (vom 7. bis zum vollendeten 18. Lebensjahr), muss die Beitrittserklärung vom gesetzlichen Vertreter abgegeben oder von diesem nachträglich genehmigt werden. Wird die Genehmigung nicht erteilt, ist der Aufnahmevertrag/die Beitrittserklärung schwebend unwirksam.

Zahlt ein Jugendlicher den Vereinsbeitrag aus seinem Taschengeld, bleibt der Vertrag ohne Genehmigung des gesetzlichen Vertreters trotzdem schwebend unwirksam.

Satzung maßgebend

Die Voraussetzungen, bei deren Vorliegen die Mitgliedschaft in einem Verein erworben werden kann, legt jeder Verein frei fest. Dieses Recht ergibt sich aus der in Artikel

2.3 • Die Mitgliedschaft im Verein

9 Grundgesetz festgelegten Vereinsfreiheit. Die Festlegung der Voraussetzungen für eine Mitgliedschaft erfolgt in der Vereinssatzung. Der Erwerb der Mitgliedschaft kann – muss aber nicht – z. B. geknüpft werden an:
- ein bestimmtes Alter,
- die Inhaberschaft einer bestimmten Erlaubnis, z. B. Fischereierlaubnis,
- Wohnsitz im Einzugsgebiet des Vereins.

2.3.6 Anspruch auf Aufnahme in den Verein

Ein Anspruch auf Aufnahme in den Verein besteht nicht. Der Verein entscheidet in eigener Verantwortung durch das in der Satzung bestimmte Organ darüber, ob ein Kandidat Mitglied werden darf oder nicht. Etwas anderes gilt nur in folgenden Fällen:
- Der Verein hat sich gegenüber dem Kandidaten durch einen Vorvertrag oder ein anderes Rechtsgeschäft verpflichtet, ihn aufzunehmen.
- Der Verein hat sich durch eine Regelung in der Satzung verpflichtet, jeden Kandidaten bei Vorliegen der vom Verein geforderten Voraussetzungen aufzunehmen. Lässt sich der Satzung eine solche Selbstbindung des Vereins entnehmen, besteht ein Anspruch auf Aufnahme. Die Formulierung, dass der Verein nach Ablauf einer genau festgelegten Probezeit über den Beitritt entscheidet, ist keine derartige Selbstbindung und begründet keinen Rechtsanspruch auf Aufnahme in den Verein.
- Ein Gesetz ordnet die Aufnahme eines Mitglieds an. So ist z. B. nach § 7 Absatz 1 Nr. 5 Tierzuchtgesetz eine anerkannte Züchtervereinigung gesetzlich verpflichtet, im sachlichen und räumlichen Bereich der Züchtervereinigung ansässigen Züchtern ein Recht auf Mitgliedschaft einzuräumen. Derartige gesetzliche Regelungen sind aber eher selten.

Rechtsanspruch ist die Ausnahme

Vorvertrag

Selbstbindung

gesetzliche Pflicht

2.3.7 Beendigung der Mitgliedschaft

Da die Mitgliedschaft in einem Verein ein höchstpersönliches Recht ist, endet sie in der Regel auf jeden Fall mit dem Tod des Mitglieds. Etwas anderes gilt nur, wenn die Satzung ausdrücklich vorsieht, dass die Mitgliedschaft bei Tod vererbt werden kann.

Weil aber die in Artikel 9 GG geregelte Vereinsfreiheit auch das Recht beinhaltet, keinem Verein anzugehören, gibt es natürlich auch Bestimmungen zur Beendigung der Mitglied-

Tod des Mitglieds

schaft zu Lebzeiten und für die Zukunft. Die Mitgliedschaft im Verein kann enden

Austritt
- mit dem Austritt des Mitglieds: Das Austrittsrecht ist in § 39 BGB geregelt. Es kann nicht eingeschränkt werden. Die Satzung kann lediglich bestimmen, dass der Austritt erst zum Schluss eines Kalenderjahres zulässig ist oder bestimmte Kündigungsfristen eingehalten werden müssen. Eine Satzungsbestimmung, die das Austrittsrecht in anderer Weise einschränkt, beschränkt oder ganz ausschließt, ist unwirksam.

> **§ 39 BGB – Austritt aus dem Verein**
> (1) Die Mitglieder sind zum Austritt aus dem Verein berechtigt.
> (2) Durch die Satzung kann bestimmt werden, dass der Austritt nur am Schluss eines Geschäftsjahrs oder erst nach dem Ablauf einer Kündigungsfrist zulässig ist; die Kündigungsfrist kann höchstens zwei Jahre betragen.

Kündigung
- durch Kündigung der Mitgliedschaft durch den Verein: Die Satzung kann Regelungen enthalten, mit welchen Kündigungsfristen und in welchen Fällen der Verein einem Mitglied kündigen kann.

Ausschluss
- durch Vereinsausschluss: Die Satzung kann Bestimmungen enthalten, dass der Verein das Recht hat, bei Vorliegen genau bestimmter Voraussetzungen ein Mitglied auszuschließen. Derartige Klauseln in der Satzung sind zulässig. Ein Vereinsausschluss kann z. B. erfolgen, wenn das Mitglied dem Verein Schaden zugefügt hat.

Streichung aus der Mitgliederliste
- durch Streichung aus der Liste der Mitglieder: In einem vereinfachten Ausschließungsverfahren kann der Verein ein Mitglied einseitig durch die Streichung aus der Mitgliederliste ausschließen. Ein derartiges Verfahren muss aber in der Satzung ausdrücklich geregelt werden. Dabei muss der Tatbestand, der zur Streichung aus der Mitgliederliste führen kann, objektiv klar umschrieben sein.
- wenn in der Satzung festgelegte Beendigungsgründe eintreten: Die Satzung kann z. B. vorsehen, dass die Mitgliedschaft endet, falls der notwendige Berechtigungsschein (z. B. Angelschein) nicht mehr vorliegt oder ein bestimmtes Alter erreicht wird.

Enthält die Satzung Bestimmungen, dass ein Mitglied aus dem Verein automatisch ausscheidet, falls es eine bestimmte, genau umrissene Bedingung nicht mehr erfüllt, endet die Mitgliedschaft in dem Moment, in dem diese Bedingung erfüllt ist. Jedes Mitglied muss aus der Satzung ohne weiteres erkennen können, unter welchen Voraussetzungen es die Mitgliedschaft verlieren kann.

2.3.8 Ausschluss aus dem Verein

Im Gegensatz zum Austritt geht beim Ausschluss die Initiative für die Beendigung der Mitgliedschaft vom Verein aus. Der Verein beendet durch einen Ausschluss einseitig das Mitgliedschaftsverhältnis. Der Ausschluss kann gegen den Willen des betroffenen Mitglieds erfolgen.

gegen den Willen des Mitglieds

Die Voraussetzungen für einen Ausschluss müssen in der Satzung festgelegt werden. Für die Beendigung durch Ausschluss sind folgende Varianten denkbar:
- Der Verein hat sich in der Satzung ein nicht an Gründe gebundenes Ausschluss-/Kündigungsrecht vorbehalten.
- Der Verein hat in der Satzung geregelt, dass bei Vorliegen bestimmter sachlicher Voraussetzungen das Mitglied ausgeschlossen werden kann (aber nicht muss).
Eine derartige Regelung kann z. B: für die Fälle rückständiger Mitgliedsbeiträge getroffen werden. Zahlt das sich mit Beiträgen in Rückstand befindliche Mitglied dann die rückständigen Beiträge, kann der Verein auch die Mitgliedschaft mit dem betroffenen Mitglied fortsetzen.
- Der Verein hat in der Satzung geregelt, dass bei Vorliegen bestimmter sachlicher Voraussetzungen und eines wichtigen Grundes das Mitglied ausgeschlossen werden muss. Der Grund muss so gewichtig sein, dass dem Verein eine Fortsetzung der Mitgliedschaft nicht mehr zumutbar ist.

Satzungsbestimmung notwendig

Beispiel Zahlungsrückstand

Unter welchen Voraussetzungen und aus welchen wichtigen Gründen ein Mitglied ausgeschlossen werden kann, kann, muss aber nicht in der Satzung genau bestimmt sein. Werden in der Satzung genaue Ausschlusstatbestände aufgeführt, verzichtet der Verein auf sein Recht, nur aus wichtigem Grund das Mitglied ausschließen zu können. Werden in der Satzung keine Ausschlusstatbestände genannt, kann der Ausschluss eines Mitglieds aus dem Verein nur aus wichtigem Grund erfolgen.

Wichtige Gründe für einen Vereinsausschluss können sein:
- Die Mitgliedschaft wurde durch falsche Angaben erschlichen.
- Das Mitglied hat Straftaten zum Nachteil des Vereins begangen, z. B. Geld aus der Vereinskasse entnommen.

Beispiele für „Wichtiger Grund"

☐ Abb. 2.3 Wer Streit anzettelt, muss gehen. (Rainald Fenke)

- Das Mitglied hat sich vereinsschädigend verhalten. Es hat z. B. in einem Zeitungsbericht Unwahrheiten über den amtierenden Vorstand verbreitet.
- Das Mitglied ist einem konkurrierenden Verein beigetreten.
- Das Mitglied weigert sich beharrlich, seine Mitgliederpflichten zu erfüllen, es hat z. B. seit Jahren keine Mitgliedsbeiträge gezahlt und angekündigt, auch zukünftig keine zahlen zu wollen.
- Das Mitglied liegt mit der Mehrzahl der übrigen Vereinsmitglieder ständig in Streit (☐ Abb. 2.3).

Die Satzung legt fest, welches Vereinsorgan – Vorstand oder Mitgliederversammlung oder ein eigens dafür gegründeter Ausschuss – über den Ausschluss eines Mitglieds entscheidet. Vor der Entscheidung über den Ausschluss muss dem betroffenen Mitglied Gelegenheit gegeben werden, sich zu den erhobenen Vorwürfen zu äußern (rechtliches Gehör).

schriftlicher Beschluss

Der Beschluss über den Ausschluss eines Mitglieds muss schriftlich abgefasst werden und er muss die Gründe enthalten, aus denen dem Verein die Fortsetzung der Mitgliedschaft unzumutbar ist.

Klage möglich

Gegen die Entscheidung über den Ausschluss kann das betroffene Mitglied klagen. In diesem Fall hat der Verein sämtliche Tatsachen zu beweisen, auf die er seinen wichtigen Ausschließungsgrund stützt.

2.3.9 Zusammenfassung

- Die Mitgliedschaft ist ein Rechtsverhältnis zwischen dem Verein und dem betreffenden Mitglied. Die nähere Ausgestaltung der Mitgliedschaft kann in der Satzung geregelt werden.
- Die Satzung kann unterschiedliche Formen der Mitgliedschaft regeln. Die verschiedenen Mitgliedschaftsformen begründen dann unterschiedliche Rechte und Pflichten für die Vereinsmitglieder.
- Die Mitgliedschaft begründet Rechte und Pflichten für die Mitglieder. Zu den wichtigsten Pflichten zählen die Treuepflicht und die Zahlungspflicht in Bezug auf die Mitgliedsbeiträge.
- Die wichtigsten Rechte der Mitglieder sind die Teilnahme an der Mitgliederversammlung (§ 32 BGB) und das Recht, auch als Minderheit verlangen zu können, dass eine Mitgliederversammlung mit bestimmten Tagesordnungspunkten einberufen wird.
- Mitglied wird man durch Mitwirkung an der Vereinsgründung oder durch späteren Beitritt zum Verein.
- Einen Anspruch auf Aufnahme in den Verein gibt es grundsätzlich nur, wenn der Verein sich hierzu ausdrücklich verpflichtet hat.
- Die Mitgliedschaft endet durch Austrittserklärung des Mitglieds, dessen Tod, Eintritt eines genau festgelegten Beendigungsgrundes oder durch Ausschluss des Mitglieds durch den Verein.
- Der Ausschluss aus dem Verein kann in der Regel nur bei Vorliegen eines wichtigen Grundes erfolgen, der dem Verein die Fortsetzung der Mitgliedschaft unzumutbar macht. Die Satzung kann aber auch konkrete Ausschlusstatbestände benennen. Dann kommt es auf die Frage der Unzumutbarkeit nicht an.

2.3.10 Wiederholungsfragen

1. Was kennzeichnet eine Vereinsmitgliedschaft? Lösung ► Abschn. 2.3.1
2. Welche Arten von Mitgliedschaften kann der Verein festlegen? Lösung ► Abschn. 2.3.2
3. Was versteht man unter einer Organmitgliedschaft? Lösung ► Abschn. 2.3.2.1

4. Wie grenzen sich ordentliche und außerordentliche Mitgliedschaft gegeneinander ab? Lösung ▶ Abschn. 2.3.2.2
5. Was sind Mitverwaltungsrechte? Lösung ▶ Abschn. 2.3.3.1
6. Was versteht man unter Schutzrechten? Lösung ▶ Abschn. 2.3.3.2
7. Welche Pflichten können Mitglieder haben? Lösung ▶ Abschn. 2.3.4
8. Unter welchen Voraussetzungen wird man Vereinsmitglied? Lösung ▶ Abschn. 2.3.5
9. Unter welchen Voraussetzungen gibt es einen Anspruch auf Aufnahme in den Verein? Lösung ▶ Abschn. 2.3.6
10. Wie kann die Mitgliedschaft enden? Lösung ▶ Abschn. 2.3.7
11. Unter welchen Voraussetzungen kann ein Mitglied gegen seinen Willen ausgeschlossen werden? Lösung ▶ Abschn. 2.3.8

2.4 Die Vereinsorgane

2.4.1 Welche Vereinsorgane gibt es?

Jeder Verein muss auf jeden Fall als Organe haben:
- die Mitgliederversammlung,
- einen Vorstand.

Vorstand und Mitgliederversammlung

Diese beiden Organe werden auch als notwendige Vereinsorgane bezeichnet. Daneben kann jeder Verein so genannte fakultative Vereinsorgane bilden, wenn dies die Satzung ausdrücklich vorsieht. Möchte ein Verein fakultative Vereinsorgane bilden können, sollte die Satzung folgende Regelungen hierzu enthalten:

fakultative Organe durch Satzung

- Bezeichnung des Organs,
- Aufgabenbeschreibung: mit welchen Aufgaben, die nicht dem Vorstand oder der Mitgliederversammlung obliegen, soll sich das fakultative Vereinsorgan beschäftigen? Welche Kompetenzen – in Abgrenzung zu anderen Vereinsorganen – soll es haben?
- Bestellung des Organs, z. B. durch Beschluss der Mitgliederversammlung,
- Bestellung der Organmitglieder, z. B. durch Wahl,
- Dauer der Amtszeit der Organmitglieder,
- Verfahrensvorschriften für die Tätigkeit des Organs: wie soll das Organ einberufen werden? Wie fasst es seine Beschlüsse? Welche Mehrheiten sind erforderlich?

2.4 · Die Vereinsorgane

◘ Abb. 2.4 Mitgliederversammlung. (Rainald Fenke)

Daneben kennt das Vereinsrecht noch das so genannte „faktische Vereinsorgan". Dies sind Personen, die im täglichen Vereinsleben eine Organstellung ausüben, ohne wirksam zum Organ bestellt worden zu sein. Faktisches Vereinsorgan kann z. B. ein Vorstandsmitglied sein, dessen Wahl ungültig ist. Faktisches Vereinsorgan kann auch ein für einen bestimmten Zeitraum bestelltes Vorstandsmitglied sein, wenn diese Amtszeit abgelaufen ist und das Vorstandsmitglied trotzdem weiter agiert.

faktische Vereinsorgane

2.4.2 Mitgliederversammlung

Die Mitgliederversammlung ist das höchste Vereinsorgan (◘ Abb. 2.4). Dies steht zwar so nicht im Gesetz, wird aber daraus abgeleitet, dass allein die Mitgliederversammlung selbst etwas von ihren Zuständigkeiten an andere Vereinsorgane abgeben kann.

> **§ 32 Abs. 1 Satz 1 BGB**
> Die Angelegenheiten des Vereins werden, soweit sie nicht von dem Vorstand oder einem anderen Vereinsorgan zu besorgen sind, durch Beschlussfassung in einer Versammlung der Mitglieder geordnet …

persönliches Recht

In der Mitgliederversammlung haben die Vereinsmitglieder die Möglichkeit, auf die Leitung, die Verwaltung des Vereins und die zukünftige Ausrichtung des Vereins Einfluss zu nehmen. Nach der Vorstellung des Gesetzes sollen die Mitglieder persönlich an der Mitgliederversammlung teilnehmen und dort ihre Mitgliederrechte ausüben, indem sie über Vereinsangelegenheiten mitentscheiden.

Die Satzung, über deren Inhalt die Mitgliederversammlung beschließt, kann Aufgaben, die nach gesetzlichen Regelungen nicht zwingend von der Mitgliederversammlung wahrgenommen werden müssen, an den Vorstand oder andere Vereinsorgane übertragen. Ist diese Zuständigkeitsverlagerung durch Satzung erfolgt, kann die Mitgliederversammlung die übertragenen Aufgaben nicht ohne neue Satzungsänderung an sich ziehen. Zwingend entscheidet die Mitgliederversammlung über die

zwingende Aufgaben

- Bestellung des Vorstandes (§ 27 Absatz 1 BGB),
- Änderung der Vereinssatzung (§ 33 BGB),
- Auflösung des Vereins (§ 41 BGB).

Diese Entscheidungen kann die Mitgliederversammlung nicht auf andere Vereinsorgane übertragen.

Beschlussfassung

> **§ 32 Abs. 1, Satz 2, Absatz 2 BGB**
> (1) … Zur Gültigkeit des Beschlusses ist erforderlich, dass der Gegenstand bei der Berufung bezeichnet wird. Bei der Beschlussfassung entscheidet die Mehrheit der erschienenen Mitglieder.
> (2) Auch ohne Versammlung der Mitglieder ist ein Beschluss gültig, wenn alle Mitglieder ihre Zustimmung zu dem Beschluss schriftlich erklären.

Grundsätzlich sollen die Vereinsmitglieder ihre Beschlüsse in der Mitgliederversammlung treffen und mit ihrer Stimme über die zur Entscheidung anstehenden Punkte abstimmen. In den meisten Vereinen findet aber nur einmal jährlich eine Mitgliederversammlung statt. Sollte es erforderlich werden zwischen zwei Mitgliederversammlungen Mitglieder entscheiden zu lassen, dann ist ein derartiger Beschluss nur wirksam, wenn alle Mitglieder zugestimmt haben, also ein einstimmiger Beschluss vorliegt. Geben einzelne Mitglieder ihre Stimme nicht oder nicht in der richtigen Form ab, kommt kein wirksamer Beschluss zustande. Die Stimme darf außerhalb von Mitgliederversammlungen nur schriftlich (§ 126 BGB) oder in elektronischer Form (§ 126a BGB) abgegeben werden.

Die gesetzliche Regelung des § 32 Absatz 2 BGB ist allerdings nicht zwingend. Sie kann durch Satzungsregelungen abgeändert werden. Die Satzung kann andere Formerfordernisse, aber auch andere Mehrheitsverhältnisse für wirksame Beschlüsse festlegen.

Einberufung der Mitgliederversammlung – Vorstand beruft ein
Damit die Mitglieder überhaupt eine Entscheidung treffen können, müssen sie zur Mitgliederversammlung eingeladen werden. Die Einberufung erfolgt durch den Vorstand, soweit nicht die Satzung etwas anderes regelt. Die Satzung des rechtsfähigen Vereins hat die Voraussetzungen, unter denen die Einberufung zu erfolgen hat, ausdrücklich festzulegen.

> **§ 58 Nr. 4 BGB – Sollinhalt der Vereinssatzung**
> Die Satzung soll Bestimmungen enthalten ...
> 4. über die Voraussetzungen, unter denen die Mitgliederversammlung zu berufen ist, über die Form der Berufung und über die Beurkundung der Beschlüsse.

Üblicherweise wird in Vereinssatzungen geregelt, dass einmal jährlich eine Mitgliederversammlung stattfinden soll. Die Satzung kann aber andere Zeiträume vorsehen. Eine außerordentliche Mitgliederversammlung muss einberufen werden, wenn im Interesse des Vereins grundlegende Entscheidungen zu treffen sind. Eine Mitgliederversammlung ist auch einzuberufen, wenn eine Minderheit dies mit der in § 37 BGB oder einer in der Satzung festgelegten Stimmenanzahl verlangt.

Außerordentliche Mitgliederversammlung

> **§ 36 BGB – Berufung der Mitgliederversammlung**
> Die Mitgliederversammlung ist in den durch Satzung bestimmten Fällen sowie dann zu berufen, wenn das Interesse des Vereins es erfordert.

Die Einberufung kann – je nach den Regelungen in der Satzung – erfolgen durch
- Persönliches Anschreiben der Mitglieder,
- Bekanntmachung in der Tageszeitung,
- Bekanntmachung im Amtsblatt oder der Vereinszeitung,
- Aushang in den Räumen des Vereins.

Formalien

In der Einladung müssen Ort und Zeit der Versammlung angegeben sein. Enthält die Einladung keine Angaben zum Versammlungsort, findet die Versammlung am Sitz des Vereins statt. Ort und Zeit der Versammlung sollen so bestimmt werden, dass möglichst viele Vereinsmitglieder die Möglichkeit zur Teilnahme haben.

Fristen

Die Einladung hat unter Einhaltung einer angemessenen Einberufungsfrist zu erfolgen. Wie lange diese Einberufungsfrist ist, hängt vom konkreten Verein und dessen Zuschnitt ab. In einem kleineren Verein mit wenigen Mitgliedern und diese ausschließlich am Sitz des Vereins genügt eine kurze Einladungsfrist. In einem großen Verein, dessen Mitglieder landesweit verstreut sind, muss die Einladungsfrist so bemessen sein, dass auch die entfernt wohnenden Mitglieder eine angemessene Planungszeit haben.

Tagesordnung

Die Einladung zur Mitgliederversammlung muss außerdem alle „Gegenstände" benennen, über die die Mitgliederversammlung beschließen soll. In einer Tagesordnung werden deswegen alle Angelegenheiten aufgeführt, über die gesprochen, beraten und abgestimmt werden soll. Die Angelegenheit, über die ein Beschluss gefasst werden soll, sollte so beschrieben werden, dass sich das Mitglied bei Erhalt der Einladung anhand der darin enthaltenen Informationen für oder gegen eine Teilnahme an der Mitgliederversammlung entscheiden kann. So genügt es z. B. wenn über eine Satzungsänderung beschlossen werden soll, nicht, als Tagesordnungspunkt nur „Satzungsänderung" anzugeben. Mit der Einladung müssen Informationen übermittelt werden, in welchen Punkten die Satzung wie geändert werden soll.

Beschlussvoraussetzungen

Wirksame Beschlüsse kann die Mitgliederversammlung nur fassen, wenn die Angelegenheit in der Tagesordnung der Einladung genannt war.

Entspricht die Einladung nicht den gesetzlichen und satzungsmäßigen Einberufungsregelungen, sind die auf der – fehlerhaft einberufenen – Mitgliederversammlung gefassten Beschlüsse nichtig.

Ablauf der Mitgliederversammlung – Versammlungsleitung

Die Mitgliederversammlung wird vom Vorstand geleitet. Die Satzung kann aber auch ausdrücklich einen anderen Versammlungsleiter bestimmen oder festlegen, dass die Mitgliederversammlung eine Person zum Versammlungsleiter wählt. Falls der Vorstand aus mehreren Mitgliedern besteht, bestimmt der Vorstand aus seiner Mitte heraus den Versammlungsleiter.

Gesetzliche Vorschriften, wie Aussprache, Beratung oder Beschlussfassung zu erfolgen haben, gibt es nicht. Die Vereine können in ihrer Satzung allerdings hierfür Regeln aufstellen. Enthält auch die Satzung keine Regeln, entscheidet die Mit-

2.4 · Die Vereinsorgane

gliederversammlung über Art und Weise der Beratung und der Beschlussfassung. Der Leiter der Versammlung ist an Beschlüsse der Mitgliederversammlung, die mit Mehrheit gefasst wurde, gebunden.

Grundsätzlich beschlussfähig ist die Mitgliederversammlung, wenn wenigstens ein Mitglied erschienen ist, das Beschlüsse fassen kann. Die meisten Satzungen stellen allerdings höhere Anforderungen an die Beschlussfähigkeit der Mitgliederversammlung. So kann z. B. vorgesehen sein, dass die Mitgliederversammlung beschlussfähig ist, wenn mindestens ein Viertel der Mitglieder anwesend ist.

Beschlussfähigkeit

Der Versammlungsleiter hat folgende Aufgaben und die damit verbundenen Rechte und Pflichten:

Aufgaben der Versammlungsleitung

- Bekanntgabe der Tagesordnung,
- Festlegung der Reihenfolge der Behandlung der Tagesordnungspunkte; die Mitgliederversammlung kann durch Mehrheitsbeschluss diese Festlegung des Versammlungsleiters aber ausheben und die Behandlung der Tagesordnungspunkte in einer anderen Reihenfolge beschließen,
- Aufruf der einzelnen Tagesordnungspunkte zur Aussprache und Beschlussfassung,
- Verhängung von Ordnungsmaßnahmen zur Durchführung der Mitgliederversammlung, sofern notwendig,
- Beschränkung der Redezeit der Mitglieder, sofern notwendig,
- Entzug des Rederechts für einzelne Mitglieder oder Ausschluss von Mitgliedern, wenn es erforderlich ist, um eine sachgerechte Durchführung der Mitgliederversammlung zu gewährleisten.

Grundsätzlich gilt, dass Ordnungsmaßnahmen verhältnismäßig sein müssen. Ist die Verhängung von Ordnungsmaßnahmen notwendig, müssen alle davon betroffenen Mitglieder gleich behandelt werden.

Ordnungsmaßnahmen

Eine nicht ordnungsgemäß durchgeführte oder geleitete Mitgliederversammlung kann die Unwirksamkeit der in der Mitgliederversammlung getroffenen Beschlüsse haben.

Beschlussfassung

Soweit die Satzung keine anderen Bestimmungen trifft, hat jedes Mitglied eine Stimme, die in der Mitgliederversammlung grundsätzlich persönlich abgegeben werden muss. Ein Mitglied kann sich von einem Dritten vertreten lassen, wenn die Satzung dies zulässt. Eine Abstimmung per Brief – ähnlich wie die Briefwahl bei Wahlen – ist außerhalb einer Mitgliederversammlung möglich, nicht jedoch in der Mitgliederversammlung.

Stimmrecht

Wirksame Beschlüsse werden mit Mehrheit der abgegebenen Stimmen gefasst (§ 32 Absatz 1 Satz 3 BGB). Stimmenthaltungen werden bei der Ermittlung der Mehrheiten nicht berücksichtigt. Für bestimmte Angelegenheiten sind andere Mehrheiten gesetzlich vorgeschrieben, allerdings kann die Satzung auch diese Mehrheiten ändern:

Stimmenthaltung

wichtige Mehrheiten
- Satzungsänderungen: Mehrheit von drei Vierteln der abgegebenen Stimmen (§ 33 Abs. 1 Satz 1 und § 41 Satz 2 BGB).
- Änderung des Vereinszwecks: Zustimmung aller Vereinsmitglieder (§ 33 Absatz 1 Satz 2 BGB).

Beschlüsse werden mit der Beschlussfassung wirksam. Um Wirkung zu entfalten, müssen einige Beschlüsse, z. B. satzungsändernde Beschlüssen, durch- oder ausgeführt werden. Ein satzungsändernder Beschluss wird z. B. erst wirksam, wenn der entsprechende Beschluss und damit der in der Satzung zu ändernde Text in das Vereinsregister eingetragen wurde (§ 71 Absatz 1 Satz 1 BGB).

Niederschrift

Der Versammlungsleiter stellt den Inhalt des getroffenen Beschlusses fest und gibt auch noch das Abstimmungsergebnis bekannt. In welcher Form der Beschluss festgehalten wird, ergibt sich aus der Satzung. Meist wird dort vorgesehen, dass eine Niederschrift über die Mitgliederversammlung angefertigt wird, in der folgende Angaben enthalten sind:
- die Zahl der erschienenen Mitglieder,
- die Feststellung der Beschlussfähigkeit der Versammlung,
- die gestellten Anträge,
- die Art der Abstimmung,
- das genaue Abstimmungsergebnis (Zahl der abgegebenen Stimmen, der gültigen und ungültigen Stimmen, der Nein- und Ja-Stimmen, der Enthaltungen).

2.4.3 Vorstand

> **§ 26 BGB – Vorstand; Vertretung**
> (1) Der Verein muss einen Vorstand haben. Der Vorstand kann aus mehreren Personen bestehen.
> (2) Der Vorstand vertritt den Verein gerichtlich und außergerichtlich; er hat die Stellung eines gesetzlichen Vertreters. Der Umfang seiner Vertretungsmacht kann durch die Satzung mit Wirkung gegen Dritte beschränkt werden.

Ob und aus wie vielen Personen der Vorstand des Vereins besteht, ergibt sich aus der Vereinssatzung. Aus ihr kann sich

2.4 • Die Vereinsorgane

auch ergeben, ob und mit welchen unterschiedlichen Kompetenzen die Vorstandsmitglieder ausgestattet sein sollen.

Die Vorstandsmitglieder und ihre Vertretungsmacht werden ins Vereinsregister eingetragen (§ 64 BGB).

Besteht der Vorstand nur aus einer Person und ist diese – aus welchen Gründen auch immer – nicht mehr in der Lage, den Verein zu vertreten und der Verein damit handlungsunfähig, kann durch das für den Verein zuständige Amtsgericht ein Notvorstand bestellt werden (§ 29 BGB).

Notvorstand

> **§ 27 BGB – Bestellung und Geschäftsführung des Vorstandes**
> (1) Die Bestellung des Vorstandes erfolgt durch Beschluss der Mitgliederversammlung.
> (2) Die Bestellung ist jederzeit widerruflich, unbeschadet des Anspruchs auf die vertragsmäßige Vergütung. Die Widerruflichkeit kann durch die Satzung auf den Fall beschränkt werden, dass ein wichtiger Grund für den Widerruf vorliegt; ein solcher Grund ist insbesondere grobe Pflichtverletzung oder Unfähigkeit zur ordnungsgemäßen Geschäftsführung.
> (3) Auf die Geschäftsführung des Vorstandes finden die für den Auftrag geltenden Vorschriften der §§ 664 bis 670 BGB entsprechende Anwendung.

Die Bestellung eines Vorstandsmitglieds teilt sich in zwei Abschnitte auf: Im ersten Schritt fasst die Mitgliederversammlung – oder falls die Satzung für die Vorstandswahl ein anderes Organ vorsieht, dieses Organ – den Beschluss, eine bestimmte Person zum Vorstand zu machen. Der zweite Schritt ist die Bestellungserklärung, die dem Gewählten zugehen und der er zustimmen muss.

Bestellungsakt

Nimmt der Gewählte an der Mitgliederversammlung teil, geht ihm die Bestellungserklärung üblicherweise mit der Frage zu, ob er die Wahl annimmt. Nimmt der Gewählte die Wahl an, ist die Bestellung erfolgt und dem Gewählten ist das Vorstandsamt übertragen.

Nimmt das Vorstandsmitglied sein Amt unentgeltlich wahr, muss zwischen Verein und Vorstandsmitglied kein weiterer Vertrag geschlossen werden. Soll die Tätigkeit als Vorstandsmitglied vergütet werden, schließen Verein und Vorstandsmitglied zusätzlich einen Anstellungsvertrag. Bestellung und Anstellungsvertrag sind zwei voneinander grundsätzlich unabhängige Rechtsgeschäfte. Daher führt die Beendigung der Bestellung – z. B. durch Abwahl auf einer Mitgliederversammlung – grundsätzlich nicht automatisch auch zur Beendigung

Anstellungsvertrag für Vergütung

des Anstellungsvertrags. Im Anstellungsvertrag kann vereinbart werden, dass dieser automatisch endet, wenn die Bestellung endet. Fehlt es im Anstellungsvertrag an einer solchen Regelung, muss der Anstellungsvertrag gekündigt oder mittels Aufhebungsvertrag beendet werden.

Zum Vorstand können Vereinsmitglieder, aber auch Nicht-Vereinsmitglieder bestellt werden. Etwas anderes gilt nur, wenn die Satzung ausdrücklich bestimmt, dass das Vorstandsamt nur von Mitgliedern ausgeübt werden kann.

Aufgaben des Vorstands

Geschäftsführung

Der Vorstand führt die Geschäfte des Vereins. Die Geschäftsführung umfasst alle Tätigkeiten zur Förderung des Vereinszwecks, sofern sie nicht durch Gesetz oder die Satzung einem anderen Organ zugewiesen sind. Satzungsänderungen oder die Vereinsauflösung sind Aufgaben der Mitgliederversammlung und fallen daher nicht unter die Geschäftsführung des Vorstandes. Der

gerichtliche und außergerichtliche Vertretung

Vorstand vertritt den Verein gerichtlich und außergerichtlich umfassend und uneingeschränkt. Diese Vertretungsmacht kann durch die Satzung beschränkt werden. Derartige Beschränkungen sind aber nur wirksam, wenn sie im Vereinsregister eingetragen sind. Die Beschränkung der Vertretungsmacht kann sich nur auf die aktive Vertretungsmacht beziehen, nicht auf die passive. Passive Vertretungsmacht ist die Vertretungsmacht zur Entgegennahme von Erklärungen, aktive Vertretungsmacht die Vertretungsmacht zur Abgabe von Erklärungen. Neben der all-

weitere Aufgaben

gemeinen Geschäftsführung ist der Vorstand noch zuständig für:
- Anmeldung des Vereins zum Vereinsregister zur Erlangung der Rechtspersönlichkeit (§ 59 BGB),
- Anmeldung von Änderungen im Vorstand oder Satzungsänderungen zum Vereinsregister (§ 67 BGB, § 71 BGB),
- Einreichung einer Bescheinigung über die Zahl der Vereinsmitglieder auf Verlangen des Registergerichts (§ 72 BGB),
- Beantragung der Insolvenz, wenn die Voraussetzungen hierfür vorliegen (§ 42 Absatz 2 BGB).

Rechenschaft und Haftung gegenüber dem Verein

Mit seiner Bestellung wird das Vorstandmitglied verpflichtet, die dem Vorstand per Gesetz oder durch Satzung übertragenen Geschäfte zu führen und den Verein zu vertreten.

Weisungen der Mitgliederversammlung

Die Mitgliederversammlung kann dem Vorstand Weisungen zur Geschäftsführung erteilen, an die der Vorstand dann auch gebunden ist.

Der Vorstand hat außerdem
- die von der Mitgliederversammlung wirksam gefassten Beschlüsse auszuführen.

2.4 • Die Vereinsorgane

- der Mitgliederversammlung Auskunft und Rechenschaft über seine Tätigkeit zu erteilen.
- der Mitgliederversammlung Rechnung zu legen, also eine Kostenaufstellung über Einnahmen und Ausgaben des Vereins vorzulegen.

Die Satzung kann die Pflichten des Vorstands – insbesondere die Rechenschafts- und Rechnungslegungspflichten erweitern.

Verletzt ein Vorstandsmitglied schuldhaft seine Pflichten und entsteht hierdurch dem Verein ein Schaden, steht dem Verein ein Schadenersatzanspruch nach § 280 Absatz 1 BGB zu. Nur der Verein, nicht aber die Vereinsmitglieder kann das Vorstandsmitglied in Haftung nehmen.

Pflichtverletzungen

Ein Schadenersatzanspruch besteht aber nicht, wenn das Vorstandsmitglied auf ausdrückliche Weisung der Mitgliederversammlung gehandelt hat.

Wird der Vorstand in einer Mitgliederversammlung durch einen wirksamen Beschluss insgesamt für seine Amtsführung oder für einzelne Geschäftsführungsmaßnahmen entlastet, billigt der Verein – vertreten durch die Mitgliederversammlung – die Amtsführung insgesamt oder einzelne Geschäftsführungsmaßnahmen und verzichtet damit auf alle Schadenersatzansprüche wegen pflichtwidriger Geschäftsführung – insbesondere für solche, die für die Mitgliederversammlung bei sorgfältiger Prüfung aller Vorlagen und Berichte erkennbar waren.

Entlastung

Die Vorstandsmitglieder haben keinen Rechtsanspruch auf Entlastung. Die Mitgliederversammlung kann, muss aber nicht entlasten. Sie kann auch einzelne Vorstandsmitglieder entlasten, andere nicht. Vorstandsmitglieder, die nicht entlastet werden, haften dem Verein weiterhin für Schäden aus pflichtwidriger Geschäftsführung, wenn und soweit ihnen ein Verschulden zur Last gelegt werden kann, nach den allgemeinen Schadenersatzregelungen.

Kein Rechtsanspruch auf Entlastung

Dauer und Beendigung des Vorstandsamtes

Das Gesetz enthält keinerlei Regelungen für die Dauer der Amtszeit eines Vorstandsmitglieds. Ein Vorstand bleibt danach bis zu seiner Abberufung im Amt. Allerdings wird dieser Grundsatz bei vielen Vereinen durch Regelungen in der Satzung durchbrochen. Die Satzungen der meisten Vereine sehen eine zeitlich begrenzte Amtsdauer für Vorstandsmitglieder vor. In diesen Fällen endet das Vorstandsamt mit Ablauf der vorgesehenen Amtszeit. Um eine Handlungsunfähigkeit des Vereins für den Fall zu verhindern, dass zum Ende der Amtszeit keine Mitgliederversammlung stattfindet oder stattfinden kann, enthalten viele Satzungen den Zusatz, dass Vorstandsmitglieder,

Bis zur Abberufung

deren Amtszeit abläuft, ihr Amt bis zur Wahl neuer Vorstandsmitglieder weiter ausüben.

Das Vorstandsamt endet vor Ablauf der in der Satzung bestimmten Amtszeit oder vor Abberufung mit dem Tod des Vorstandsmitglieds. Es kann auch vorzeitig enden, wenn das Vorstandsmitglied geschäftsunfähig wird.

Niederlegung des Amtes

Das Vorstandsmitglied kann seit Amt außerdem jederzeit ohne Angabe von Gründen niederlegen, wenn zwischen dem Verein und ihm kein Anstellungsvertrag besteht. Gibt es einen Anstellungsvertrag, dann kann eine sofortige Niederlegung des Amtes ohne Angaben von Gründen eine Verletzung der Pflichten aus dem Anstellungsvertrag darstellen, aus der eine Schadenersatzpflicht des Vorstands gegenüber dem Verein resultieren kann.

Bei Niederlegung des Amts durch ein Vorstandsmitglied rufen die verbleibenden Mitglieder eine Mitgliederversammlung zur Neuwahl des Vorstandes ein. Legen alle Vorstandsmitglieder ihre Ämter zeitgleich nieder und wird der Verein dadurch handlungsunfähig, muss vom zuständigen Amtsgericht ein Notvorstand bestellt werden.

Widerruf

Der Verein kann die Bestellung zum Vorstand jederzeit widerrufen. Der Widerruf erfolgt durch das Bestellungsorgan, also in den meisten Vereinen durch die Mitgliederversammlung. Diese entscheidet durch Beschluss über den Widerruf der Bestellung zum Vorstand. Der Widerrufsbeschluss wird erst mit seinem Zugang beim betroffenen Vorstandsmitglied wirksam.

Die Satzung kann das Recht zum Widerruf beschränken. So kann sie regeln, dass für einen Widerruf ein wichtiger Grund vorliegen muss und auch gleichzeitig einige Beispiele aufführen, was als wichtiger Grund gelten soll.

2.4.4 Sonstige Vereinsorgane

Satzungsregelung notwendig

Die Mitgliederversammlung kann – muss aber nicht – durch Beschluss eigene Rechte auf den Vorstand oder andere Vereinsorgane übertragen (vgl. § 32 Absatz 1 Satz 1 BGB). Entscheidet sich die Mitgliederversammlung dafür, zusätzliche Vereinsorgane zu schaffen, muss dies in der Satzung verankert werden. Die Satzung enthält dann eine Bestimmung, dass es neben den Vereinsorganen Mitgliederversammlung und Vorstand noch z. B. einen Fachausschuss gibt. Das zusätzlich geschaffene Vereinsorgan wird in der Satzung genau bezeichnet und es wird festgelegt, welche Aufgaben und Kompetenzen das zusätzliche Vereinsorgan hat.

Anzahl gesetzlich nicht beschränkt

Ob und wie viele zusätzliche Vereinsorgane ein Verein benötigt, entscheidet jeder Verein für sich in eigener Verantwortung. Eine gesetzliche Begrenzung der Anzahl gibt es nicht. Den zu-

2.4 · Die Vereinsorgane

sätzlich geschaffenen Vereinsorganen dürfen alle Aufgaben übertragen werden, sofern sie nicht durch Gesetz einem bestimmten Vereinsorgan zwingend zugewiesen sind. Die gesetzliche Vertretung, die nach § 26 Absatz 2 BGB dem Vorstand zusteht, kann nicht auf ein anderes Organ übertragen werden. Ferner nicht übertragen werden kann der Minderheitenschutz nach § 37 BGB, der zwingend der Mitgliederversammlung obliegt.

Sonstige weitere Vereinsorgane neben Vorstand und Mitgliederversammlung können z. B. sein:

- Geschäftsführer: Ein Geschäftsführer kann von der Satzung als eigenständiges Organ neben dem Vorstand, dem nach dem Gesetz die Geschäftsführung zusteht, vorgesehen werden. Der Geschäftsführer kann, muss aber nicht, dem Vorstand angehören. Beschäftigt der Verein einen Geschäftsführer, so erledigt dieser in der Regel das Tagesgeschäft – die täglich anfallende Büroarbeit – in Abstimmung mit dem Vorstand, darf aber selbst keine Entscheidungen treffen, die dem Vorstand oder der Mitgliederversammlung vorbehalten sind.

    Geschäftsführer

- Schatzmeister/Kassierer: Der Schatzmeister eines Vereins kümmert sich um die ordnungsgemäße Verwaltung der finanziellen Mittel des Vereins. Er kontrolliert und verbucht Einnahmen und Ausgaben. Der Schatzmeister hat aber keine Kompetenz z. B. den Mitgliedsbeitrag zu ermäßigen oder zu erhöhen.

    Schatzmeister

- Rechnungsprüfer/Kassenprüfer: Hier handelt es sich um ein Kontrollorgan, dass die Arbeit des Vorstandes oder des Schatzmeisters im Hinblick auf die finanziellen Mittel des Vereins überprüft. Rechnungs- oder Kassenprüfer kontrollieren die Konten, die Kasse sowie die Buchhaltung des Vereins. Sie erstatten in der Regel in der Mitgliederversammlung Bericht darüber, ob die Buchhaltung/Kassenführung ordnungsgemäß ist oder ob es Beanstandungen gibt. Der Bericht der Rechnungs-/Kassenprüfer ist in vielen Vereinen Voraussetzung für die Entscheidung der Mitgliederversammlung über die Entlastung des Vorstandes.

    Rechnungsprüfer

- Beirat/Arbeitskreis/Fachausschuss: Diesen Vereinsorganen kommt in der Regel ausschließlich eine beratende Funktion zu. Sie sind mit Fachleuten, die nicht zwingend Vereinsmitglieder sein müssen, besetzt. Ihre Aufgabe besteht primär darin, mit Fachwissen die Entscheidungen des Vorstandes oder der Mitgliederversammlung vorzubereiten und zu unterstützen.

    Beirat/Fachausschuss

- Schiedsstelle/Schiedsgericht: Unter diesen oder ähnlichen Bezeichnungen schaffen viele Vereine ein zusätzliches Vereinsorgan, dessen Aufgabe darin besteht, Streitigkeiten zwischen Mitgliedern, aber auch Streitigkeiten

    Schiedsgericht/-stelle

zwischen dem Verein und einem Mitglied zu schlichten oder zu entscheiden. In den meisten Fällen handelt es sich bei diesem Organ zur Konfliktlösung nicht um ein Schiedsgericht im Sinne von §§ 1025 ff. ZPO. Ein Schiedsgericht im Sinne von §§ 1025 ff. ZPO ersetzt die staatlichen Gerichte. Seine Entscheidungen sind daher für beide betroffenen Parteien bindend und können nicht noch einmal von einem ordentlichen staatlichen Gericht geprüft werden. Ist die Schiedsstelle kein Schiedsgericht im Sinne von §§ 1025 ff. ZPO können die am Konflikt beteiligten Parteien die Entscheidung der Schiedsstelle von einem ordentlichen Gericht überprüfen lassen.

— **Besondere Vertreter:** Durch die Satzung kann der Verein bestimmen, dass neben dem Vorstand für genau bezeichnete Geschäfte besondere Vertreter zuständig sind (§ 30 BGB). Dem besonderen Vertreter muss ein genau umrissener Aufgaben- und Kompetenzbereich zugewiesen werden. Besondere Vertreter werden z. B. dann bestellt, wenn objektiv der Vorstand alleine nicht in der Lage ist, alle ihm obliegenden Aufgaben wahrzunehmen. Besondere Vertreter können z. B. in Sportvereinen für bestimmte Disziplinen bestellt werden.

besondere Vertreter

2.4.5 Zusammenfassung

— Es wird zwischen zwingenden, fakultativen und faktischen Vereinsorganen unterschieden. Zwingende Vereinsorgane sind der Vorstand und die Mitgliederversammlung. Fakultativ sind z. B. Schiedsgericht und Beirat. Faktische Vereinsorgane sind Personen, die nicht zum Organ bestellt wurden, aber trotzdem im täglichen Vereinsleben Organstellung ausüben.
— Die Mitgliederversammlung kann eigene Rechte abgeben. Dies erfolgt durch Regelungen in der Satzung. Nicht übertragen kann die Mitgliederversammlung die Entscheidung über die Bestellung des Vorstandes, Änderungen der Vereinssatzung und die Auflösung des Vereins.
— Die Mitgliederversammlung trifft ihre Entscheidungen durch Beschlüsse. Art und Weise der Beschlussfassung sowie notwendige Mehrheiten werden durch die Satzung geregelt.
— Beschlüsse der Mitgliederversammlung sind nur wirksam, wenn die Mitgliederversammlung ordnungsgemäß einberufen und abgehalten wurde. Mit der Beschlussfassung wird ein Beschluss wirksam, manche Beschlüsse müssen jedoch aus- oder durchgeführt werden. Ein

satzungsändernder Beschluss wird erst wirksam, wenn die Satzungsänderung im Vereinsregister eingetragen ist.
- Der Vorstand vertritt den Verein gerichtlich und außergerichtlich. Der Vorstand wird durch einen Beschluss der Mitgliederversammlung bestellt. Die Bestellung wird erst wirksam, wenn das Vorstandmitglied seine Wahl annimmt. Die Geschäftsführung des Vereins obliegt dem Vorstand. Der Vorstand muss die Beschlüsse der Mitgliederversammlung ausführen und ihr Rechenschaft über seine Tätigkeit ablegen.
- Das Vorstandsamt endet mit Ablauf der Amtszeit, der Abberufung, durch Rücktritt oder Tod des Vorstandsmitglieds.

2.4.6 Wiederholungsfragen

1. Welche Vereinsorgane muss ein Verein haben, welche kann er haben? Lösung ▶ Abschn. 2.4.1
2. In welcher Form werden fakultative Vereinsorgane geschaffen? Lösung ▶ Abschn. 2.4.1
3. Welche Aufgaben hat die Mitgliederversammlung? Lösung ▶ Abschn. 2.4.2
4. Wie werden Beschlüsse gefasst? Lösung ▶ Abschn. 2.4.2
5. Was muss bei der Einberufung der Mitgliederversammlung beachtet werden? Lösung ▶ Abschn. 2.4.2
6. Wie läuft eine Mitgliederversammlung ab? Welche Aufgaben hat ein Versammlungsleiter? Lösung ▶ Abschn. 2.4.2
7. Unter welchen Voraussetzungen werden Beschlüsse der Mitgliederversammlung wirksam? Lösung ▶ Abschn. 2.4.2
8. Wie wird man Vorstand eines Vereins? Lösung ▶ Abschn. 2.4.3
9. Welche Aufgaben hat der Vorstand? Lösung ▶ Abschn. 2.4.3
10. Wann endet das Vorstandsamt? Lösung ▶ Abschn. 2.4.3
11. Kann der Verein weitere Vereinsorgane haben? Lösung ▶ Abschn. 2.4.4

2.5 Durchsetzung der Ordnung im Verein

2.5.1 Satzungsgemäße Grundlagen

> **§ 25 BGB – Verfassung**
> Die Verfassung eines rechtsfähigen Vereins wird, soweit sie nicht auf den nachfolgenden Vorschriften beruht, durch die Vereinssatzung bestimmt.

eigene Regelungskompetenzen mittels Satzung

Aus dieser Vorschrift ergibt sich die Befugnis eines jeden rechtsfähigen Vereins, seine Rechtsverhältnisse selbst zu regeln und damit im Verein eine ihm gemäße Ordnung herzustellen. Der rechtsfähige Verein darf in seiner Satzung Verhaltenspflichten für die Vereinsmitglieder festlegen. Er darf auch in der Satzung Sanktionen für jene Mitglieder vorsehen, die den festgelegten Verhaltenspflichten nicht nachkommen, sowie das zur Verhängung von Sanktionen notwendige Verfahren und das über die Sanktion entscheidende Vereinsorgan festlegen.

Verhaltenspflichten, Sanktionen für Verstöße sowie das hierfür zuständige Organ und notwendige Verfahren müssen in der Satzung geregelt werden. Sie können nur dann in einer Nebenordnung enthalten sein, wenn diese Satzungsbestandteil wird.

Beispiel
Der Verein kann in seiner Satzung festlegen, dass bei Verstößen gegen Verhaltenspflichten ein Schiedsgericht über die zu verhängende Sanktion entscheidet, eine Schiedsgerichtsordnung nähere Einzelheiten regelt und diese Schiedsgerichtsordnung Bestandteil der Satzung ist.

Generalklauseln zulässig

Der Verein kann eine Sanktion gegen ein Mitglied aber nur dann verhängen, wenn das Mitglied aus der Satzung eindeutig erkennen kann, dass die Missachtung einer bestimmten – vom Verein erwarteten – Verhaltenspflicht eine Sanktion nach sich zieht. Es genügt, wenn das Verhalten, das eine Sanktion nach sich ziehen kann, mit einer Generalklausel umschrieben wird. So kann in der Satzung zum Beispiel stehen, dass „vereinsschädigendes Verhalten zu einer Vereinsstrafe, im Wiederholungsfall auch zum Ausschluss aus dem Verein führen kann."

Sanktionsrecht

Der Verein kann jedes den Vereinsbereich betreffende Fehlverhalten eines Mitglieds mit einer Vereinsstrafe bedrohen. Er kann dann, wenn ein Fehlverhalten vorliegt, die

Sanktion auch verhängen. Nicht vereinsbezogenes Verhalten von Mitgliedern kann der Verein grundsätzlich nicht mit Sanktionen belegen. Ausnahme: Nicht wirtschaftliche Vereine können je nach ihrer Zielsetzung ihren Mitgliedern Pflichten für außerhalb des Vereinslebens auferlegen. Diese Pflichten müssen aber in der Satzung genau bezeichnet sein und jedes Mitglied muss eindeutig erkennen können, welches Verhalten von ihm erwartet wird und mit welchen Sanktionen es bei Verstößen rechnen muss. Sanktioniert werden darf aber nur Verhalten außerhalb des Vereins, das in die Vereinssphäre hineinwirkt. Hat das Verhalten des Mitglieds keinerlei Auswirkungen auf den Verein, dürfen keine Sanktionen verhängt werden.

Besondere Zielsetzungen, die auch die Ahndung fehlerhaften Verhaltens außerhalb des Vereinsbereichs rechtfertigen können, haben z. B. religiöse Verein, Gewerkschaften, politische Parteien. In derartigen Vereinen kann ein Fehlverhalten außerhalb des Vereins vom Verein als vereinsschädigend angesehen werden und eine Sanktion nach sich ziehen.

Beispiel
Ein Mitglied eines religiösen Vereins wirbt öffentlich für eine neu gegründete religiöse Gruppierung mit divergierenden religiösen Auffassungen. Ein derartiges Verhalten kann dem Ansehen seines eigenen Vereins schaden und den Verein berechtigen, Sanktionen zu verhängen oder das Mitglied sogar auszuschließen.

2.5.2 Ordnungsmittel: Vereinsstrafe

Ein Fehlverhalten eines Mitglieds wird durch die Verhängung einer Vereinsstrafe sanktioniert. Eine Vereinsstrafe liegt dann vor, wenn ein Verein durch sein durch die Satzung hierfür bestimmtes Organ einem Mitglied gegenüber ausspricht, dass der Verein dessen Verhalten missbilligt. Die Verhängung einer Vereinsstrafe ist ein Ordnungsmittel zur Durchsetzung der in der Satzung geregelten Ordnung des Vereins. Es handelt sich bei einer Vereinsstrafe um eine rein vereinsinterne Sanktion.

Vereinsstrafe = Missbilligung des Verhaltens

Die Ordnungsmittel, die der Verein bei einem Fehlverhalten eines Mitglieds verhängen will, müssen in der Satzung eindeutig festgelegt werden. Eine Umschreibung der Ordnungsmittel mit einer Generalklausel genügt nicht. D. h. jedes Mitglied muss aus der Satzung unzweifelhaft erkennen können, welche Sanktion ihm im Fall der Missachtung einer vom Verein festgelegten Verhaltenspflicht droht. Des Weiteren muss sich aus der Satzung ergeben, ob neben der Sanktion noch andere Folgen drohen – z. B. Übernahme der Kosten des Verfahrens oder Veröffentlichung des Vorfalls und der Sanktion im Vereinsmitteilungsblatt.

Arten von Vereinsstrafen

Satzungen können als Ordnungsmittel/Vereinsstrafen vorsehen:
- Allgemeine Vereinsstrafen:
  - Rüge
  - Verweis, ggf. mit Androhung des Ausschlusses aus dem Verein für den Fall einer Wiederholung
  - Verwarnung
  - Geldstrafe
  - Vorübergehender oder dauernder Entzug von Mitgliedschaftsrechten
  - Aberkennung der Fähigkeit, im Verein Ämter zu bekleiden
  - Ausschluss von der Benutzung von Vereinseinrichtungen
  - Entzug einer bereits erteilten Ehrung.
- Vereinsstrafen im Sportbereich:
  - Verbot der Teilnahme an einem Wettbewerb/Wettkampfsperre
  - Aberkennung eines Sieges/Preises
  - Ausschluss aus einem Wettkampf
  - Entzug der Lizenz
  - Rückstufung in eine tiefere Spielklasse.
- Vereinsstrafen von Zentralverbänden:
  - Entzug der Mitgliedschaft in einer Ortsgruppe
  - Verbot der Teilnahme an Landesveranstaltungen.

Maßnahmenkatalog

Die Satzung muss nicht jeder Sanktion ein bestimmtes Verhalten zuordnen. Sie kann den gesamten Maßnahmenkatalog zur Disposition des für die Verhängung der Vereinsstrafe zuständigen Vereinsorgans stellen. Dieses muss dann die dem missbilligtem Verhalten angemessene Maßnahme verhängen. Das missbilligte Verhalten, das eine Sanktion auslösen kann, muss in der Satzung zumindest abstrakt umschrieben werden. Die Verwendung unbestimmter Rechtsbegriff oder von Generalklauseln genügt, wenn und soweit das Mitglied erkennen kann, welches Verhalten vom Verein missbilligt wird.

nur gegen Mitglieder

Vereinsstrafen können nur gegen Mitglieder verhängt werden. Denn nur diese haben durch ihren Vereinsbeitritt die Vereinsordnungsgewalt – in Form der Vereinssatzung – anerkannt. Vereinsstrafen gegen Nichtmitglieder können nur dann verhängt werden, wenn diese die Vereinsordnungsgewalt durch Vertrag anerkannt haben.

Ist die Mitgliedschaft durch Tod, Kündigung oder Austritt erloschen, können gegen das ausgeschiedene Mitglied keine Vereinsstrafen mehr verhängt werden. Gegen Arbeitnehmer des Vereins oder Ehrenmitglieder dürfen auch keine Vereinsstrafen verhängt werden.

2.5.3 Ausschluss aus dem Verein

Der Ausschluss des Vereins ist als mögliche Sanktion für vereinsschädigendes Verhalten fast in jeder Vereinssatzung vorgesehen. Auch hier gilt: Die entsprechende Regelung muss in der Satzung enthalten und für das Mitglied eindeutig erkennbar sein. Das Mitglied muss erkennen können, für welches – generalklauselartig umschriebenes – Fehlverhalten ihm der Ausschluss aus dem Verein droht und welches Organ für die Entscheidung zuständig ist.

Satzungsregelung notwendig

Das Recht zum Ausschluss aus dem Verein kann der Mitgliederversammlung vorbehalten bleiben, aber auch dem Vorstand übertragen werden. Die Satzung kann aber auch festlegen, dass die Sanktion von einem besonderen Vereinsorgan – z. B. Ehrengericht, Vereinsgericht – verhängt wird. Die Einzelheiten des Verfahrens können in einer besonderen Verfahrensordnung geregelt werden, auf die die Satzung verweist.

Der Ausschluss als einzige Sanktion für Fehlverhalten eines Mitglieds wird in den meisten Fällen unangemessen sein. Kennt die Vereinssatzung nur den Ausschluss, kann als milderes Mittel lediglich ein Ausschluss auf Zeit in Frage kommen, nicht jedoch eine andere, in der Satzung gar nicht vorgesehene Sanktion.

Enthält die Vereinssatzung keinerlei Regelungen zum Ausschluss eines Mitglieds, ist dieser nur zulässig, wenn ein wichtiger Grund vorliegt. Wichtiger Grund für einen Ausschluss kann dann satzungswidriges Verhalten sein.

wichtiger Grund

Ausgeschlossen werden können ausschließlich Vereinsmitglieder. Ist die Mitgliedschaft z. B. durch Kündigung bereits beendet, ist kein Ausschluss mehr möglich.

Der Ausschluss aus dem Verein darf immer nur das letzte und äußerste Mittel sein. Er darf nur dann erfolgen, wenn andere, mildere Ordnungsmittel nicht vorhanden oder nicht angemessen sind.

letztes Mittel

2.5.4 Organe zur Durchsetzung der Vereinsordnung

Sieht die Satzung kein besonderes Organ zur Durchsetzung der Vereinsordnung vor, ist für alle Ordnungsmaßnahmen mit Disziplinarcharakter die Mitgliederversammlung zuständig. Die Mitgliederversammlung entscheidet dann im konkreten

Mitgliederversammlung

Einzelfall, ob ein Fehlverhalten eines Mitglieds vorliegt und mit welcher (in der Satzung vorgesehenen) Sanktion dieses belegt wird. Die Mitgliederversammlung entscheidet dann auch über den Ausschluss eines Mitglieds.

Die Satzung kann einzelne Gegenstände dem Vorstand zuweisen oder ein eigenes Organ für die Durchsetzung der Vereinsordnung oder für Vereinsstreitigkeiten schaffen. Dieses Organ kann z. B. als Ehrengericht, Schiedsgericht oder Vereinsgericht bezeichnet werden.

Vereinsgericht

Die Schaffung von Vereinsgerichten ist im Rahmen von § 25 BGB zulässig. Die Vereinsgerichtsbarkeit muss in der Satzung verankert sein. Das Vereinsgericht verdrängt für den ihm zugewiesenen Aufgabenbereich die Zuständigkeit der Mitgliederversammlung. Daher muss die Satzung nicht nur regeln, dass es ein Vereinsgericht gibt, sondern auch, für welche Angelegenheit das Vereinsgericht zuständig ist und welche Befugnisse es hat.

Dem Vereinsgericht unterliegen Mitglieder des Vereins vom Beginn der Mitgliedschaft bis zu deren Ende. Für ausgeschiedene Mitglieder oder Nichtmitglieder ist das Vereinsgericht nicht zuständig.

sachliche Zuständigkeit des Vereinsgerichts

Die sachliche Zuständigkeit ergibt sich aus dem Aufgabenbereich, der dem Vereinsgericht durch die Satzung zugewiesen ist. Die Satzung kann vorsehen, dass das Vereinsgericht zuständig ist für

- Streitigkeiten zwischen Mitgliedern,
- Streitigkeiten zwischen Vorstand und Mitgliedern,
- Streitigkeiten zwischen Verein und Mitgliedern,
- Streitigkeiten zwischen Vereinsorganen,
- Verhängung von Sanktionen gegenüber Mitgliedern bei Fehlverhalten,
- Ausschlussverfahren gegenüber Mitgliedern,
- Überprüfung von Beschlüssen und Entscheidungen anderer Vereinsorgane (Vorstand, Mitgliederversammlung).

Zuständigkeit und Besetzung

Sieht die Satzung ein Vereinsgericht vor, muss sie auch seine Zuständigkeit, seine Besetzung und – falls das Vereinsgericht auch über Sanktionen entscheiden soll – den Sanktionenkatalog regeln. Das Verfahren selbst kann in einer Vereinsgerichtsordnung geregelt werden. Diese muss nicht unbedingt Bestandteil der Satzung sein. Die Satzung sollte aber darauf hinweisen, dass das Verfahren in einer gesonderten Verfahrensordnung geregelt wird.

Verfahrensordnung für Vereinsgericht

Die Verfahrensordnung kann Regelungen zu folgenden Punkten enthalten:

- Wer kann einen Antrag auf Einleitung eines Disziplinarverfahrens stellen?

- Kann ein Disziplinarverfahren auch von Amts wegen eingeleitet werden?
- Welche Fristen müssen beachtet werden?
- Wann ist das Recht auf Verhängung einer Sanktion verwirkt (z. B. wegen Zeitablaufs)?
- Kann das Verfahren eingestellt werden, wenn kein Anfangsverdacht besteht?
- Anspruch auf rechtliches Gehör für das betroffene Mitglied sowie Fristen zur Äußerung.
- Muss der Entscheidung ein Sühneversuch vorausgehen?
- Darf das Mitglied sich von einem Anwalt vertreten lassen?
- Beachtung des Grundsatzes, dass kein Mitglied wegen des gleichen Sachverhalts nochmals bestraft werden kann.
- Das betroffene Mitglied darf nicht über sich selbst richten.
- Mit welchen Mehrheiten werden die Entscheidungen des Vereinsgerichts getroffen?
- Wie wird die Entscheidung des Vereinsgerichts bekannt gegeben?
- Muss die Entscheidung begründet werden?
- Müssen bei unbegründeter Anschuldigung Anwalts- oder sonstige Kosten des betroffenen Mitglieds vom Verein erstattet werden?
- Welche Rechtsmittel sind gegen die Entscheidung zulässig?
- Welche Fristen sind hierbei zu beachten?

2.5.5 Zusammenfassung

- Mittels der Satzung bestimmt jeder Verein seine eigene Ordnung. Die Satzung legt auch fest, mit welchen Mitteln diese Vereinsordnung gegenüber Mitgliedern durchgesetzt werden kann.
- Fehlverhalten von Mitgliedern in Form von Verstößen gegen die Vereinsordnung kann mit Sanktionen belegt werden, wenn die Satzung entsprechende Regelungen enthält.
- Vereinsstrafen als Ordnungsmittel für Fehlverhalten müssen in der Satzung eindeutig festgelegt werden. Das Fehlverhalten kann mit Generalklauseln umschrieben werden. Die dem Mitglied drohenden Sanktionen müssen aber genau bezeichnet werden. Die Satzung kann unterschiedliche Vereinsstrafen vorsehen.
- Der Ausschluss aus dem Verein als Sanktion muss in der Satzung regelt werden. Fehlt eine entsprechende Regelung ist ein Ausschluss nur aus wichtigem Grund möglich.
- Vereinsstrafen und Ausschluss können nur gegen Mitglieder verhängt werden.

- Die Satzung kann eigene Organe zur Durchsetzung der Vereinsordnung vorsehen. Fehlt eine entsprechende Regelung ist die Mitgliederversammlung für die Durchsetzung der Vereinsordnung zuständig. Diese kann einzelne Aufgaben dem Vorstand übertragen.
- Sieht die Satzung ein Vereinsgericht vor, muss sie auch dessen Zuständigkeit, seine Besetzung und – falls das Vereinsgericht über Sanktionen entscheiden soll – den ihm zur Vergütung stehenden Sanktionenkatalog regeln. Das Vereinsgerichtsverfahren selbst kann in einer Vereinsgerichtsordnung geregelt werden, die nicht Bestandteil der Satzung sein muss.

2.5.6 Wiederholungsfragen

1. Aus welcher Vorschrift ergibt sich das Recht eines Vereins, eigenes Recht zu schaffen? Lösung ▶ Abschn. 2.5.1
2. Auf welcher Rechtgrundlage erfolgt die Durchsetzung der Vereinsordnung? Lösung ▶ Abschn. 2.5.1
3. Welche Ordnungsmittel kann ein Verein zur Ahndung von Fehlverhalten vorsehen? Lösung ▶ Abschn. 2.5.2
4. Welchen Anforderungen muss ein Vereinsausschluss genügen? Lösung ▶ Abschn. 2.5.3
5. Welche Organe setzen die Vereinsordnung durch? Lösung ▶ Abschn. 2.5.4

2.6 Vereinsstreitigkeiten vor Gericht

Vor den ordentlichen staatlichen Gerichten können Streitigkeiten ausgetragen werden zwischen

- dem Verein und seinen Mitgliedern aufgrund des Mitgliedschaftsverhältnisses.

  Beispiel
  Mitglied Moll zahlt seinen Beitrag seit zwei Jahren nicht. Der Verein kann das Mitglied auf Zahlung des Beitrags vor dem Zivilgericht verklagen bzw. ein derartiges Verfahren durch den Antrag auf Erlass eines Mahnbescheids einleiten.

- dem Verein und einem Mitglied/Nichtmitglied um Begründung oder Beendigung der Mitgliedschaft.

Beispiel
Mitglied Renner soll aufgrund eines Beschlusses der Mitgliederversammlung aus dem Verein ausgeschlossen werden. Renner kann den Ausschluss vor Gericht anfechten.

— dem Verein und seinen Organmitgliedern.

Beispiel
Der Verein beschuldigt den noch amtierenden Vorstand Vereinsgelder für Privatangelegenheiten ausgegeben zu haben. Der Verein kann nicht nur wegen dieses Verdachts Strafanzeige erstatten, sondern auch den ihm entstandenen Schaden beim betroffenen Vorstandsmitglied einklagen.

— Mitgliedern und dem Verein.

Beispiel
Mitglied Stur hält den Beschluss der Mitgliederversammlung zur Entlastung des Vorstandes wegen Fehlern in der Einladung für unwirksam. Mitglied Stur kann beim Gericht auf Feststellung der Unwirksamkeit des Beschlusses klagen.

— Vereinsmitgliedern untereinander.

Beispiel
Mitglied Peter wurde von Mitglied Otto erst beleidigt und anschließend noch tätlich angegriffen. Mitglied Peter kann Mitglied Otto wegen seines Verhaltens anzeigen, aber auch auf Unterlassung und Schmerzensgeld klagen.

— dem Verein und Nichtmitgliedern, die sich aufgrund vertraglicher Regelungen in den Tätigkeitsbereich des Vereins begeben und der Vereinsordnung unterworfen haben.

Beispiel
Nichtmitglied Schneider nimmt an einem Wettkampf des Vereins MM teil. Nach Abschluss des Wettkampfes, den Schneider verlor, lässt dieser seinen Frust an den Umkleidekabinen aus und beschädigt diese. Der Verein MM kann seinen Schadenersatzanspruch wegen dieses Verhaltens gegenüber Schneider einklagen.

Bei den aufgeführten Streitigkeiten handelt es sich – soweit es nicht um die Erstattung von Strafanzeigen geht – um bürger-

Zivilgerichte

lich-rechtliche Streitigkeiten im Sinne von § 13 GVG, die vor den ordentlichen staatlichen Zivilgerichten ausgetragen werden. Ob Amtsgericht oder Landgericht für die Streitigkeiten zuständig sind, hängt vom Streitwert der Angelegenheit ab. Bis zu einem Streitwert von 5000 € ist das Amtsgericht zuständig.

Arbeitsgerichte

Beschäftigt ein Verein Arbeitnehmer und kommt es zwischen Verein und Arbeitnehmer zum Streit, dann muss dieser vor dem örtlich zuständigen Arbeitsgericht ausgefochten werden.

Der Rechtsweg zu den ordentlichen Gerichten kann durch die Satzung nicht vollständig ausgeschlossen werden. Die Satzung kann aber vorsehen, dass an die Stelle der ordentlichen Gerichte ein vom Verein eingerichtetes Schiedsgericht tritt und zunächst dieses angerufen werden muss.

vereinsinterner Rechtsmittelzug

Vom Grundsatz her darf ein staatliches Gericht oder ein Vereinsgericht erst dann angerufen werden, wenn die letzte Vereinsinstanz eine Entscheidung getroffen hat. Dieser Grundsatz greift immer dann ein, wenn die Satzung für Vereinsentscheidungen einen vereinsinternen Rechtsmittelzug vorsieht. Ist dies nicht der Fall, ist die vom zuständigen Vereinsorgan getroffene Entscheidung schon die Entscheidung der letzten Instanz und dem betroffenen Mitglied damit gleich der Zugang zum ordentlichen Gericht oder Vereinsschiedsgericht eröffnet.

notwendiger Satzungsinhalt

Sieht die Satzung eine vereinsinterne Rechtsmittelinstanz vor, muss die Satzung darüber hinaus eindeutig und für jedes Mitglied verständlich zum Ausdruck bringen, dass eine nicht fristgerechte Anrufung oder eine gänzlich unterlassene Anrufung der vereinsinternen Rechtsmittelinstanz bedeutet, dass das betroffene Mitglied die Vereinsmaßnahme oder Vereinsentscheidung annimmt. Fehlt in der Satzung ein derartiger Hinweis, kann das betroffene Mitglied schon gegen die von der ersten Vereinsinstanz getroffene Entscheidung gerichtlich vorgehen.

Vorschaltverfahren

Regelt die Satzung einen vereinsinternen Rechtsmittelzug und enthält den beschriebenen Hinweis, ist vor Anrufung der ordentlichen Gerichte oder des Vereinsgerichts das so genannte Vorschaltverfahren durchzuführen. Für die Dauer dieses Vorschaltverfahrens ist die Erhebung einer Klage unzulässig.

Ausnahmen

Der durch die Satzung vorgegebene vereinsinterne Rechtsmittelzug darf in folgenden Fällen umgangen werden:

- Es muss wegen Dringlichkeit der Sache ein Antrag auf Erlass einer einstweiligen Verfügung oder einstweiligen Anordnung gestellt werden.
- Es wurde vom Verein eine Maßnahme getroffen, die in der Satzung oder im Gesetz keine Rechtsgrundlage hat.

2.6 • Vereinsstreitigkeiten vor Gericht

- Das Rechtsmittelorgan lehnt eine Entscheidung in der Sache ab.
- Die Entscheidung des Rechtsmittelorgans steht von vornherein fest.
- Das Rechtsmittelorgan bleibt längere Zeit untätig. Insbesondere bei der Anfechtung von Wahlentscheidungen ist eine zügige Entscheidung notwendig. Bleibt in derartigen Fällen das Rechtsmittelorgan untätig, kann die Anfechtung vor den ordentlichen Gerichten erfolgen.
- Der Verein verzögert oder verhindert eine Entscheidung der Rechtsmittelinstanz.

Bei Streitigkeiten innerhalb eines Vereinsorgans – z. B. innerhalb des Vorstandes – muss vor einer Anrufung der ordentlichen Gerichte zunächst ein Beschluss der Mitgliederversammlung zum Streitgegenstand herbeigeführt werden. Denn Streitigkeiten innerhalb eines Vereinsorgans betreffen zunächst erst einmal die innere Ordnung des Vereins. Über diese kann aber erst dann eine gerichtliche Entscheidung getroffen werden, wenn die Mitgliederversammlung sich mit diesem Thema befasst und einen Beschluss gefasst hat (BGHZ 40, 396 ff. – NJW 1968, 1131).

Streitigkeiten innerhalb des Vorstandes

Örtlich zuständig für Vereinsstreitigkeiten ist in der Regel das Gericht, in dessen Bezirk der Verein seinen in der Satzung festgelegten Sitz hat (§ 17 ZPO).

örtliche Zuständigkeit

> **§ 17 ZPO – Allgemeiner Gerichtstand juristischer Personen**
> (1) Der allgemeine Gerichtsstand der Gemeinden, der Korporationen sowie derjenigen Gesellschaften, Genossenschaften oder anderen Vereine und derjenigen Stiftungen, Anstalten und Vermögensmassen, die als solche verklagt werden können, wird durch ihren Sitz bestimmt. Als Sitz gilt, wenn sich nichts anderes ergibt, der Ort, wo die Verwaltung geführt wird.
> (2) Gewerkschaften haben den allgemeinen Gerichtsstand bei dem Gericht, in dessen Bezirk das Bergwerk liegt, Behörden, wenn sie als solche verklagt werden können, bei dem Gericht ihres Amtssitzes.
> (3) Neben dem durch die Vorschriften dieses Paragraphen bestimmten Gerichtsstand ist ein durch Statut oder in anderer Weise besonders geregelter Gerichtsstand zulässig.

2.7 Haftungsfragen

> **§ 31 BGB – Haftung des Vereins für Organe**
> Der Verein ist für den Schaden verantwortlich, den der Vorstand, ein Mitglied des Vorstands oder ein anderer verfassungsmäßig berufener Vertreter durch eine in Ausführung der ihm zustehenden Verrichtungen begangene, zum Schadensersatz verpflichtende Handlung einem Dritten zufügt.

Haftungszuweisung

§ 31 BGB ist keine Norm, die eine Haftung begründet, sondern eine Norm, die die Haftung dem Verein zuweist für die Fälle, in denen ein Vertreter des Vereins durch aktives Tun oder Unterlassen einen – sich aus anderen Vorschriften ergebenden – Haftungstatbestand erfüllt.

§ 31 BGB kann nicht durch die Satzung ausgeschlossen oder verändert werden (§ 40 BGB).

2.7.1 Die Organhaftung

Verein haftet für Vorstand

Der Verein haftet für alle Personen, die für ihn handeln oder in seinem Namen etwas unterlassen. Die Haftung des Vereins tritt immer dann ein, wenn der Verein sich das Handeln oder Unterlassen einer Person zurechnen lassen muss – z. B. weil die betreffende Person ausdrücklich im Namen des Vereins aufgetreten ist – und die betreffende Person, wenn sie in eigenem Namen gehandelt hätte, zur Wiedergutmachung oder zu Schadenersatz verpflichtet wäre.

Beispiele

Zum Schadenersatz oder anderer Wiedergutmachung kann der Verein verpflichtet werden durch:
- tatsächliches Verhalten,
- rechtsgeschäftliches, vorvertragliches oder vertragliches Fehlverhalten, z. B. das zuständige Vorstandsmitglied zahlt eine Handwerkerrechnung nicht, obwohl der Handwerker für den Verein eine mangelfreie Leistung erbracht hat;
- Unterlassen, wenn eine Rechtspflicht zum Handeln besteht,
- unerlaubte Handlung im Sinne von §§ 823 ff. BGB, z. B. ein Vorstandsmitglied verletzt vorsätzlich Rechte von Mitgliedern, indem er sie nicht zur Mitgliederversammlung einlädt.
- Gefährdungshaftung, z. B. als Halter eines auf den Verein zugelassenen Fahrzeugs (§ 7 StVG).

2.7 · Haftungsfragen

Nach § 31 BGB haftet der Verein für den Vorstand und die Mitglieder des Vorstandes unmittelbar. Das BGB versteht unter dem Vorstand des Vereins die Personen, die den Verein rechtswirksam vertreten können. Dies sind bei einem rechtsfähigen Verein die im Vereinsregister eingetragenen Vorstandsmitglieder. Für diese gilt § 31 BGB in direkter Anwendung.

Für andere Personen, die im Namen des Vereins handeln und dabei einen Schaden verursachen, gilt § 31 BGB nach der Rechtsprechung in entsprechender Anwendung. Nach der Rechtsprechung haftet ein rechtsfähiger Verein daher auch für Handlungen

- besonderer Vertreter im Sinne von § 30 BGB.
- aller leitender Angestellten, die eine selbstständige eigenverantwortliche Stellung innehaben und mit Außenwirkung handeln können und handeln.
- in Form von Beschlüssen der Mitgliederversammlung, wenn die Ausführung der Beschlüsse unmittelbar einen Dritten schädigt.

Haftung für sonstige Personen

> **§ 30 BGB – Besondere Vertreter**
> Durch die Satzung kann bestimmt werden, dass neben dem Vorstand für gewisse Geschäfte besondere Vertreter zu bestellen sind. Die Vertretungsmacht eines solchen Vertreters erstreckt sich im Zweifel auf alle Rechtsgeschäfte, die der ihm zugewiesene Geschäftsbereich gewöhnlich mit sich bringt.

Für die Gerichte sind „verfassungsmäßig berufene Personen" im Sinne des § 31 BGB also alle Personen, die den Verein vertreten und denen durch die allgemeine Betriebsregelung und Handhabung bedeutsame, wesensmäßige Funktionen des Vereins zur eigenverantwortlichen Erfüllung zugewiesen sind. Für das Handeln derartiger Vertreter haftet der Verein im Rahmen des § 31 BGB für alle rechtsgeschäftlichen und tatsächlichen Handlungen oder Unterlassungen, die auf Grund Privatrechts zum Schadenersatz verpflichten.

haftungserweiternde Rechtsprechung

Der Verein haftet bei rechtsgeschäftlichen Handlungen auch, wenn die für ihn handelnde Person im Innenverhältnis nicht die nach der Satzung erforderliche Vertretungsmacht hat, aber innerhalb seines Aufgabenbereiches handelt. Ausnahme: Der Geschäftspartner und möglicherweise Geschädigte kennt das Fehlen oder den Missbrauch der Vertretungsmacht oder die Handlung/das Rechtsgeschäft liegt erkennbar außerhalb der Vertretungsmacht/des Aufgabenbereiches des handelnden „Organs".

auch bei Handeln ohne Vertretungsmacht

Die Rechtsprechung weist also im Rahmen des § 31 BGB die Haftung relativ großzügig dem Verein zu. Dies wird damit begründet, dass es der juristischen Person „rechtsfähiger Verein" nicht frei stehen könne, selbst darüber zu entscheiden, für wen und wessen Handlungen sie ohne Entlastungsmöglichkeiten haften wolle (z. B. BGHZ 101, 215). Der Verein kann sich daher nicht auf die Entlastungsmöglichkeit des § 831 Absatz 1 Satz 2 BGB berufen.

> **§ 831 BGB – Haftung für den Verrichtungsgehilfen**
> (1) Wer einen anderen zu einer Verrichtung bestellt, ist zum Ersatz des Schadens verpflichtet, den der andere in Ausführung der Verrichtung einem Dritten widerrechtlich zufügt. Die Ersatzpflicht tritt nicht ein, wenn der Geschäftsherr bei der Auswahl der bestellten Person und, sofern er Vorrichtungen oder Gerätschaften zu beschaffen oder die Ausführung der Verrichtung zu leiten hat, bei der Beschaffung oder der Leitung die im Verkehr erforderliche Sorgfalt beobachtet oder wenn der Schaden auch bei Anwendung dieser Sorgfalt entstanden sein würde.
> (2) Die gleiche Verantwortlichkeit trifft denjenigen, welcher für den Geschäftsherrn die Besorgung eines der im Absatz 1 Satz 2 bezeichneten Geschäfte durch Vertrag übernimmt.

mögliche Anspruchsteller

Der Verein haftet Dritten für bei diesen eingetretene Schäden durch Handeln oder Unterlassen von Vereinsvertretern, wenn diese in Ausführung der „ihnen zustehenden Verrichtungen" gehandelt haben. Dritter in diesem Sinne ist
- jeder, der außerhalb des Vereins steht.
- jedes andere, nicht handelnde Vereinsorgan.
- jedes Vereinsmitglied, das an der schädigenden Handlung nicht beteiligt war.
- ein Organmitglied, das keine Vereinsmitgliedschaft hat und nicht Mitglied des schädigenden Vereinsorgans ist.

Zusammenhang mit Vereinsaktivität notwendig

Die Haftung tritt nur ein, wenn das schädigende Verhalten in einem objektiven und engen Zusammenhang mit der dem Vereinsrepräsentanten zugewiesenen Tätigkeit für den Verein steht. Außeramtliches Verhalten oder rein privates Handeln eines Vereinsrepräsentanten begründet keine Haftung des Vereins nach § 31 BGB.

Ausgleichsanspruch

Neben dem Verein haftet auch noch die handelnde Person selbst. Diese hat jedoch einen Ausgleichsanspruch gegen den Verein nach § 27 Absatz 3 BGB. Sie kann – bei Vorliegen der

Voraussetzungen – auch einen vertraglichen Ausgleichsanspruch haben, z. B. aus einem Anstellungsvertrag.

> **§ 27 Absatz 3 BGB – Bestellung und Geschäftsführung des Vorstandes**
> Auf die Geschäftsführung des Vorstandes finden die für den Auftrag geltenden Vorschriften der §§ 664 bis 670 entsprechende Anwendung.

2.7.2 Die Haftung des Vereins für seine Angestellten und seine Mitglieder

> **§ 278 BGB – Verantwortlichkeit des Schuldners für Dritte**
> Der Schuldner hat ein Verschulden seines gesetzlichen Vertreters und der Personen, der er sich zur Erfüllung seiner Verbindlichkeiten bedient, in gleichem Umfang zu vertreten wie eigenes Verschulden. Die Vorschrift des § 276 Absatz 3 findet keine Anwendung.

Aufgrund dieser Vorschrift haftet der Verein auch für das Handeln von Personen, die nicht Mitglied des Vorstandes oder eines sonstigen Organs sind, aber gleichwohl für den Verein und mit dessen Billigung handeln.

Erfüllungsgehilfe im Sinne von § 278 BGB ist jeder, der nach den tatsächlichen Gegebenheiten des Falles und mit Willen des Schuldners – also des Vereins – bei der Erfüllung einer dem Schuldner obliegenden Verbindlichkeit als seine Hilfsperson tätig ist. Auf die rechtliche Beziehung zwischen Schuldner und Erfüllungsgehilfen kommt es nicht an. Es ist auch unerheblich, ob der Erfüllungsgehilfe dem Weisungsrecht oder der Kontrolle des Vereins unterliegt, ob der Verein den Erfüllungsgehilfen ordnungsgemäß ausgewählt und/oder überwacht hat. Maßgebend ist allein, dass der Verein sich in seinem eigenen Interesse einer anderen Person der Erfüllung der dem Verein obliegenden Pflichten bedient. Handelt der Erfüllungsgehilfe schuldhaft und fügt hierdurch einem Dritten einen Schaden zu, muss der Verein hierfür nach § 278 BGB haften.

Zu Erfüllungsgehilfen zählen z. B. Arbeitnehmer des Vereins, mit denen der Verein einen Arbeitsvertrag geschlossen hat oder der angestellte Geschäftsführer, aber auch ein vom Verein beauf-

Haftung für Erfüllungsgehilfen

Beispiele

tragtes Unternehmen, z. B. zur Wiederherstellung der Spielfläche des dem Verein gehörenden Fußballplatzes.

Haftung für Verrichtungsgehilfen

Neben der Haftung für Erfüllungsgehilfen trifft den Verein auch noch die Haftung für Verrichtungsgehilfen im Sinne des § 831 BGB. Der Unterschied zwischen Erfüllungs- und Verrichtungsgehilfen besteht im Wesentlichen darin, dass zu einem Erfüllungsgehilfen ein besonderes Schuldverhältnis besteht, der Verein den Erfüllungsgehilfen also im Rahmen eines Rechtsgeschäfts mit der Wahrnehmung von Vereinsinteressen beauftragt, während ein Verrichtungsgehilfe außerhalb eines derartigen besonderen Schuldverhältnisses für den Verein tätig wird und von Weisungen des Vereins abhängig ist. Erfüllungsgehilfen können gleichzeitig auch Verrichtungsgehilfen im Sinne von § 831 BGB sein.

Beispiel

Verrichtungsgehilfen sind z. B. die Spieler eines Fußballvereins, wenn sie für ihren Verein spielen; ehrenamtliche Spielerbetreuer; die Kartenverkäufer bei einem Wettkampf, soweit sie vom Verein ohne Vertrag beschäftigt werden.

Verschulden

Die Haftung für den Erfüllungsgehilfen tritt nur ein, wenn diesen ein Verschulden an dem eingetretenen Schaden trifft. Für Verrichtungsgehilfen haftet der Verein dagegen ohne Rücksicht auf ein Verschulden der Hilfsperson allein aufgrund eines vermuteten Verschuldens des Vereins.

Mitglieder als Erfüllungsgehilfen

Als Erfüllung- oder Verrichtungsgehilfen können auch Mitglieder des Vereins tätig sein. Verursacht ein Mitglied bei seinem Einsatz als Erfüllungs- oder Verrichtungsgehilfe für den Verein bei einem Dritten einen Schaden, muss der Verein dafür haften. Die Schaden verursachende Handlung oder das Unterlassen, das zu einem Schaden führt, müssen aber mit einer Tätigkeit zusammenhängen, die für den Verein erfolgt. Führt eine Tätigkeit außerhalb der Vereinstätigkeit zu einem Schaden, haftet der Arbeitnehmer oder das Mitglied persönlich.

2.7.3 Zusammenfassung

— § 31 BGB weist dem Verein die Haftung für Handlungen seiner Vertreter zu. Voraussetzung der Haftung ist, dass der für den Verein handelnde Vertreter durch Tun oder Unterlassen bei einem Dritten einen Schaden herbeiführt, zu dessen Ersatz die handelnde Person nach privatrechtlichen Vorschriften verpflichtet wäre, wenn sie nicht für den Verein, sondern in eigenem Namen gehandelt hätte.
— § 31 BGB wird bei der Frage, ob es sich beim Schädiger um ein verfassungsgemäßes Organ des Vereins handelt, weit ausgelegt. Organ in diesem Sinne ist jeder, der im Rahmen

eines ihm vom Verein zugewiesenen Aufgabenbereiches eigenverantwortlich im Namen des Vereins handelt.
- Für Angestellte oder Mitglieder des Vereins, die einem Dritten einen Schaden zufügen, haftet der Verein, wenn der Angestellte oder das Mitglied als Erfüllungs- oder Verrichtungsgehilfe für den Verein tätig sind, nach den §§ 278, 831 BGB.

2.7.4 Wiederholungsfragen

1. Ist § 31 BGB eine haftungsbegründende Norm? Lösung ▶ Abschn. 2.7.1
2. Welcher Personenkreis wird von § 31 BGB erfasst? Lösung ▶ Abschn. 2.7.1
3. In welchen Fällen haftet der Verein für Angestellte oder Mitglieder, wenn deren Verhalten einen Schaden verursacht? Lösung ▶ Abschn. 2.7.2

2.8 Das Ende der rechtsfähigen Vereins

Das Ende des rechtsfähigen Vereins ist in den §§ 41 bis 53 BGB geregelt. Die Beendigung eines eingetragenen rechtsfähigen Vereins setzt die Auflösung des Vereins sowie die Liquidation der Vermögenswerte voraus.

Auflösung und Liquidation

Die gesetzlichen Bestimmungen zur Auflösung eines Vereins sowie Liquidation des Vereinsvermögens können durch Regelungen in der Satzung geändert, ergänzt oder ausgefüllt werden. Werden in der Satzung im gesetzlich zulässigen Rahmen Bestimmungen zur Auflösung des Vereins, seiner Liquidation und zur Verwendung des Vereinsvermögens getroffen, gehen diese Regelungen den gesetzlichen Bestimmungen vor.

2.8.1 Auflösung des Vereins

Der Verein kann aufgelöst werden durch
- einen Beschluss der Mitgliederversammlung (§ 41 BGB).
- Entziehung der Rechtsfähigkeit (§ 43 BGB; siehe ▶ Abschn. 2.8.2) oder
- Eröffnung eines Insolvenzverfahrens (§ 42 BGB).

Auflösungsgründe

Ein rechtsfähiger Verein kann – wie sich schon aus den gesetzlichen Vorschriften ergibt – aus verschiedenen Gründen und auf unterschiedliche Arten aufgelöst werden. Die Rechtsfolgen der Auflösung sind jedoch vergleichbar.

> **§ 41 BGB – Auflösung des Vereins**
> Der Verein kann durch Beschluss der Mitgliederversammlung aufgelöst werden. Zu dem Beschluss ist eine Mehrheit von drei Vierteln der erschienenen Mitglieder erforderlich, wenn nicht die Satzung ein anderes bestimmt.

durch Beschluss der Mitgliederversammlung

Ein Verein kann jederzeit auf Beschluss der Mitgliederversammlung aufgelöst werden (§ 41 BGB). Dieses Recht der Mitglieder, ihren Verein aufzulösen, kann nicht beschnitten werden. Es besteht auch dann, wenn es in der Satzung nicht ausdrücklich wiederholt oder erwähnt wird. Enthält die Satzung keinerlei Bestimmungen zur Auflösung des Vereins, muss die Mitgliederversammlung den entsprechenden Beschluss mit der im Gesetz vorgesehenen Mehrheit von drei Vierteln der Stimmen der zur Mitgliederversammlung erschienenen Mitglieder fassen.

Mehrheitsverhältnisse

In der Satzung können andere Mehrheiten für den Auflösungsbeschluss geregelt werden. Sie kann geringere oder höhere Anforderungen an die Mehrheitsverhältnisse stellen. Die entsprechende Satzungsregelung muss sich aber ausdrücklich auf die Auflösung des Vereins beziehen. Durch eine Satzungsbestimmung, die nur allgemein die Beschlussfassung der Mitgliederversammlung regelt, werden die gesetzlichen Mehrheitsanforderungen an den Auflösungsbeschluss nicht abgeändert.

Ob mit oder ohne besondere Regelungen zur Auflösung in der Satzung: Ein Auflösungsbeschluss ist nur dann wirksam, wenn die Mitglieder zur Mitgliederversammlung ordnungsgemäß eingeladen wurden und die Abstimmung ordnungsgemäß verlaufen ist.

Verein auf Zeit

Ohne ausdrücklichen Beschluss der Mitgliederversammlung kann der Verein enden, wenn er von Anfang an nur für eine bestimmte Zeitdauer gegründet wurde und dies so in der Satzung steht. In diesen – eher seltenen – Fällen endet der Verein durch Zeitablauf.

Verschmelzung

Beschließt die Mitgliederversammlung die Verschmelzung ihres Vereins mit einem anderen Verein, führt die vollzogene Verschmelzung dann ebenfalls zur Auflösung des Vereins.

> **§ 42 BGB – Insolvenz**
> (1) Der Verein wird durch die Eröffnung des Insolvenzverfahrens aufgelöst. Wird das Verfahren auf Antrag des

> Schuldners eingestellt oder nach der Bestätigung eines Insolvenzplans, der den Fortbestand des Vereins vorsieht, aufgehoben, so kann die Mitgliederversammlung die Fortsetzung des Vereins beschließen. Durch die Satzung kann bestimmt werden, dass der Verein im Falle der Eröffnung des Insolvenzverfahrens als nicht rechtsfähiger Verein fortbesteht; auch in diesem Falle kann unter den Voraussetzungen des Satzes 2 die Fortsetzung als rechtsfähiger Verein beschlossen werden.
>
> (2) Der Vorstand hat im Falle der Zahlungsunfähigkeit oder der Überschuldung die Eröffnung des Insolvenzverfahrens zu beantragen. Wird die Stellung des Antrags verzögert, so sind die Vorstandsmitglieder, denen ein Verschulden zur Last fällt, den Gläubigern für den daraus entstehenden Schaden verantwortlich; sie haften als Gesamtschuldner.

Zahlungsunfähigkeit und Überschuldung

Ein Insolvenzverfahren wird eröffnet, wenn der Verein zahlungsunfähig und überschuldet ist. Den Antrag auf Eröffnung des Insolvenzverfahrens können stellen
- der Verein selbst als Schuldner (§ 18 Absatz 1 InsO),
- jedes Vorstandsmitglied,
- jeder Liquidator,
- jeder Gläubiger.

Wird der Antrag nicht von allen Vorstandsmitgliedern oder allen Liquidatoren gestellt, ist er zuzulassen, wenn der oder die Antragsteller zur Vertretung des Vereins berechtigt sind und Zahlungsunfähigkeit droht (§ 18 Absätze 1 und 3 InsO). Ist der Verein überschuldet, ist der Vorstand verpflichtet, den Antrag auf Eröffnung des Insolvenzverfahrens zu stellen.

Ende der Beitragspflicht

Mit der Eröffnung des Insolvenzverfahrens endet die Beitragspflicht der Mitglieder. Der Verein als Schuldner verliert mit der Eröffnung des Insolvenzverfahrens die Befugnis, sein zur Insolvenzmasse gehörendes Vermögen zu verwalten und darüber zu verfügen. Diese Befugnisse gehen auf den Insolvenzverwalter über (§ 80 InsO). Der Insolvenzverwalter wird allerdings nicht zum Vereinsorgan. Er hat außerhalb seiner Zuständigkeit als Insolvenzverwalter keine vereinsrechtlichen Befugnisse. Er kann daher z. B. keine Mitgliederversammlung einberufen. Dies muss der Vorstand des Vereins tun.

Insolvenzverwalter

2.8.2 Verlust der Rechtsfähigkeit

> **§ 43 BGB – Entziehung der Rechtsfähigkeit**
> (1) Dem Verein kann die Rechtsfähigkeit entzogen werden, wenn er durch einen gesetzeswidrigen Beschluss der Mitgliederversammlung oder durch gesetzeswidriges Verhalten des Vorstandes das Gemeinwohl gefährdet.
> (2) Einem Verein, dessen Zweck nach der Satzung nicht auf einen wirtschaftlichen Geschäftsbetrieb gerichtet ist, kann die Rechtsfähigkeit entzogen werden, wenn er einen solchen Zweck verfolgt.
> (3) (weggefallen)
> (4) Einem Verein, dessen Rechtsfähigkeit auf Verleihung beruht, kann die Rechtsfähigkeit entzogen werden, wenn er einen anderen als den in der Satzung bestimmten Zweck verfolgt.

Verzicht des Vereins auf Rechtsfähigkeit

Die Rechtsfähigkeit eines Vereins kann enden durch
- Verzicht des Vereins auf diesen Status. Hierzu ist ein Beschluss der Mitgliederversammlung erforderlich.
- Verlust/Entziehung der Rechtsfähigkeit (§ 43 BGB)

Widerruf für die Zukunft durch Verwaltungsakt

Der Verein kann sich auf die verliehene Rechtsfähigkeit verlassen, solange die für die Verleihung der Rechtsfähigkeit maßgebenden tatsächlichen Umstände gleich geblieben sind und die damalige Verleihung rechtmäßig war. Der Bestandsschutz des Verwaltungsaktes mit dem die Rechtsfähigkeit an den Verein verliehen wurde kann mit Wirkung für die Zukunft widerrufen werden, wenn
- der Widerruf in dem Verwaltungsakt vorbehalten war.
- die Verleihung nur mit einer Auflage erteilt worden ist und der Verein diese nicht oder nicht innerhalb der gesetzten Frist erfüllt hat.
- die Verleihungsbehörde auf Grund nachträglich eingetretener Tatsachen berechtigt wäre, die Verleihung nicht zu erteilen, und wenn ohne den Widerruf das öffentliche Interesse gefährdet wäre.
- dies erforderlich ist, um schwere Nachteile für das Gemeinwohl zu verhüten oder zu beseitigen.

Die Entziehung der Rechtsfähigkeit erfolgt durch einen Staatsakt der zuständigen Verwaltungsbehörde oder des zuständigen Registergerichts. Die Entziehung der Rechtsfähigkeit kann z. B. erfolgen, wenn die Mitgliederzahl des rechtsfähigen Vereins auf unter drei Mitglieder absinkt. In diesen Fällen kann die Rechtsfähigkeit auch von Amts wegen entzogen werden und nicht nur auf Antrag des Vorstandes (§ 73 BGB).

> **§ 73 BGB – Unterschreiten der Mindestmitgliederzahl**
> Sinkt die Zahl der Vereinsmitglieder unter drei herab, so hat das Amtsgericht auf Antrag des Vorstandes und, wenn der Antrag nicht binnen drei Monaten gestellt wird, von Amts wegen nach Anhörung des Vorstandes dem Verein die Rechtsfähigkeit zu entziehen.

Der Verein kann im Rahmen seiner Vereinsautonomie frei darüber entscheiden, ob er auf die Rechtsfähigkeit verzichtet. Der Verzicht erfolgt mittels eines Beschlusses der Mitgliederversammlung. Wird ein entsprechender Beschluss gefasst, so beinhaltet dieser Beschluss in der Regel den Willen, den Verein als nicht rechtsfähigen Verein fortsetzen zu wollen. Dies genügt allerdings nicht für die Fortführung. Es ist vielmehr erforderlich, dass die Mitgliederversammlung einen ausdrücklichen Beschluss fasst, den Verein als nicht rechtsfähigen Verein weiterführen zu wollen und – mit den erforderlichen Mehrheiten – die Satzung entsprechend ändert.

freiwilliger Verzicht

Der Verzicht auf die Rechtsfähigkeit muss beim zuständigen Vereinsregister zur Eintragung angemeldet werden.

Eintragung im Vereinsregister

2.8.3 Folgen der Auflösung

> **§ 45 BGB – Anfall des Vereinsvermögens**
> (1) Mit der Auflösung des Vereins oder der Entziehung der Rechtsfähigkeit fällt das Vermögen an die in der Satzung bestimmten Personen.
> (2) Durch die Satzung kann vorgeschrieben werden, dass die Anfallberechtigten durch Beschluss der Mitgliederversammlung oder eines anderen Vereinsorgans bestimmt werden. Ist der Zweck des Vereins nicht auf einen wirtschaftlichen Geschäftsbetrieb gerichtet, so kann die Mitgliederversammlung auch ohne eine solche Vorschrift das Vermögen einer öffentlichen Stiftung oder Anstalt zuweisen.
> (3) Fehlt es an einer Bestimmung der Anfallberechtigten, so fällt das Vermögen, wenn der Verein nach der Satzung ausschließlich den Interessen seiner Mitglieder diente, an die zur Zeit der Auflösung oder der Entziehung der Rechtsfähigkeit vorhandenen Mitglieder zu gleichen Teilen, anderenfalls an den Fiskus des Bundesstaats, in dessen Gebiet der Verein seinen Sitz hat.

Verteilung des Vereinsvermögens

Der Verein endet in der Regel mit der beschlossenen Auflösung oder der Entziehung der Rechtsfähigkeit noch nicht, denn es muss noch das Vereinsvermögen aufgelöst und verteilt werden. Nur wenn das Vereinsvermögen direkt an den Fiskus – Bundesrepublik oder ein Bundesland – fällt, führt die Auflösung oder Entziehung der Rechtsfähigkeit nach § 46 BGB direkt zur Beendigung des Vereins. In allen anderen Fällen ist noch die Liquidation des Vereins erforderlich.

> **§ 47 BGB – Liquidation**
> Fällt das Vereinsvermögen nicht an den Fiskus, so muss eine Liquidation stattfinden, sofern nicht über das Vermögen des Vereins das Insolvenzverfahren eröffnet ist.

Satzung maßgebend

Die meisten Vereinssatzungen enthalten Regelungen, dass das Vereinsvermögen im Falle der Auflösung einem bestimmten Berechtigten zufallen oder unter den Mitgliedern aufgeteilt werden soll. Möglich ist auch eine Regelung in der Satzung, dass die Mitgliederversammlung im Falle der Auflösung entscheidet, wem das Vermögen des Vereins zufallen soll. Fehlt in der Vereinssatzung eine Regelung für den Fall der Auflösung und die dann notwendige Verteilung des Vereinsvermögens, dann wird dieses nach § 45 Absatz 3 BGB unter den bei Auflösung noch vorhandenen Mitgliedern aufgeteilt.

Liquidation

Die Aufteilung des Vereinsvermögens sowie die Abwicklung noch laufender Geschäfte erfolgen im Rahmen der Liquidation. An die Stelle der Liquidation tritt bei Eröffnung eines Insolvenzverfahrens das Insolvenzverfahren. Findet eine Liquidation statt, muss der Vorstand die Liquidatoren nach § 76 Absatz 2 BGB zum Vereinsregister anmelden. Die Liquidatoren haben dann die Rechtsstellung eines Vorstandes (§ 48 Absatz 2 BGB).

> **§ 49 BGB – Aufgaben der Liquidatoren**
> (1) Die Liquidatoren haben die laufenden Geschäfte zu beendigen, die Forderungen einzuziehen, das übrige Vermögen in Geld umzusetzen, die Gläubiger zu befriedigen und den Überschuss an die Anfallberechtigten auszuantworten. Zur Beendigung schwebender Geschäfte können die Liquidatoren auch neue Geschäfte eingehen. Die Einziehung der Forderungen sowie die Umsetzung des übrigen Vermögens in Geld darf unterbleiben, soweit diese Maßregeln nicht zur Befriedigung der Gläubiger oder zur Verteilung des Überschusses unter die Anfallberechtigten erforderlich sind.

> (2) Der Verein gilt bis zur Beendigung der Liquidation als fortbestehend, soweit der Zweck der Liquidation es erfordert.

Ist nach Auflösung des Vereins die Liquidation erforderlich, besteht der Verein bis zur Beendigung der Liquidation fort. Es endet aber die bisherige Vereinstätigkeit und die Verfolgung des in der Satzung festgelegten Vereinszwecks. An dessen Stelle tritt der Abwicklungszweck. Die Vereinstätigkeit ist mit Beginn der Liquidation darauf beschränkt, die laufenden Geschäfte des Vereins zu beenden, vorhandenes Vereinsvermögen zu Geld zu machen, Gläubiger zu befriedigen und am Ende den Überschuss an die Anfallberechtigten auszuzahlen.

Beendigung der laufenden Geschäfte

Der Liquidationsverein hat immer noch Mitglieder und die Liquidatoren können Mitgliederversammlungen einberufen. Die Mitgliederversammlung kann auch im Stadium der Liquidation noch Satzungsänderungen beschließen und sogar – z. B. bei Wegfall des Auflösungsgrundes – die Fortsetzung des Vereins beschließen. Ein Fortsetzungsbeschluss der Mitgliederversammlung ist immer möglich, wenn der Verein durch Beschluss der Mitgliederversammlung oder durch Zeitablauf aufgelöst wurde.

„Liquidationsverein"

> **§ 48 BGB – Liquidatoren**
> (1) Die Liquidation erfolgt durch den Vorstand. Zu Liquidatoren können auch andere Personen bestellt werden; für die Bestellung sind die für die Bestellung des Vorstandes geltenden Vorschriften maßgebend.
> (2) Die Liquidatoren haben die rechtliche Stellung des Vorstands, soweit sich nicht aus dem Zwecke der Liquidation ein anderes ergibt.
> (3) Sind mehrere Liquidatoren vorhanden, so ist für ihre Beschlüsse Übereinstimmung aller erforderlich, sofern nicht ein anderes bestimmt ist.

Während der Dauer der Liquidation sind die Liquidatoren Geschäfts- und Vertretungsorgan des Vereins. Mit Eintritt der Liquidation wird der bisherige Vorstand zum Liquidator, ohne dass hierzu ein besonderer Bestellungsakt erforderlich ist. Die Mitgliederversammlung kann aber auch andere Personen zu Liquidatoren bestellen. Die Vereinssatzung kann besondere Regelungen zur Liquidation oder den Liquidatoren enthalten.

Liquidatoren werden Vorstand.

Notbestellung

Hat ein aufgelöster Verein keine Liquidatoren oder kann die Mitgliederversammlung keine Liquidatoren bestellen, z. B. weil ohne Liquidatoren keine Mitgliederversammlung einberufen werden kann, kann das zuständige Amtsgericht die Liquidatoren im Wege der Notbestellung bestellen (§ 48 Absatz 2 BGB i. V. m. § 29 BGB).

Abwicklung

Die Liquidatoren nehmen für die Dauer der Liquidation die Rechtsstellung des Vereinsvorstandes ein. Ihre Aufgabe ist die Abwicklung des Vereins. Über ihre Tätigkeit müssen die Liquidatoren der Mitgliederversammlung Rechnung legen. Die Satzung kann Einzelheiten für den Fall der Liquidation des Vereins regeln.

Aufgaben der Liquidatoren

Zu den Aufgaben der Liquidatoren zählen u. a.:

- Beendigung der laufenden Geschäfte.

    Beispiel
    Absage von geplanten Veranstaltungen, Kündigung von Verträgen (z. B. Mietvertrag, Stromlieferungsvertrag, Arbeitsverhältnisse)

- Einziehung von Forderungen des Vereins.

    Beispiel
    Anmahnen und Beitreiben rückständiger Mitgliedsbeiträge

- Umsetzung der Vereinsvermögens in Geld.

    Beispiel
    Verkauf des vereinseigenen Pkw; Verkauf des Vereinsheims oder vereinseigener Immobilien

- Befriedigung von Gläubigern.

    Beispiel
    Zahlung der Strom- und Telefonrechnungen oder anderer auf den Verein ausgestellter Rechnungen

- Verwaltung des Vereinsvermögens

    Beispiel
    Verzinsliche Anlage der Vereinsgelder bis zu deren Auskehrung an die Anfallberechtigten

- Rechnungslegung gegenüber der Mitgliederversammlung.

  Beispiel
  Auskunft über die Verwertungsgeschäfte hinsichtlich des Vereinsvermögens

- Erstellung einer Schlussrechnung, ggf. mit Verteilungsplan für das auszukehrende Vereinsvermögen.
- Aufbewahren und Aushändigung der Geschäftsunterlagen des Vereins: Die Geschäftsunterlagen des Vereins müssen auch nach dessen Abwicklung noch aufbewahrt werden. Über den Aufbewahrungsort müssen die Liquidatoren entscheiden oder die Mitgliederversammlung darüber entscheiden lassen.
- Öffentliche Bekanntmachung der Vereinsauflösung (§ 50 Absatz 1 BGB): Die Bekanntmachung der Auflösung des Vereins erfolgt in den Medien, die die Satzung für Veröffentlichungen vorsieht. In der Bekanntmachung sind die Gläubiger des Vereins aufzufordern, ihre Ansprüche gegen den Verein anzumelden. Gläubiger, die mindestens einem Liquidator in Person oder namentlich bekannt sind, müssen durch eine besondere Mitteilung zur Anmeldung ihrer Forderungen aufgefordert werden.

öffentliche Bekanntmachung

Verstoßen die Liquidatoren schuldhaft gegen die Bekanntmachungspflichten und entsteht einem Gläubiger hierdurch ein Schaden, haften die Liquidatoren nach § 53 BGB.

Haftung

> **§ 51 BGB – Sperrjahr**
> Das Vermögen darf den Anfallberechtigten nicht vor dem Ablauf eines Jahres nach der Bekanntmachung der Auflösung des Vereins oder der Entziehung der Rechtsfähigkeit ausgeantwortet werden.

Frühestens ein Jahr nach Bekanntmachung der Auflösung des Vereins darf das Vereinsvermögen an die Berechtigten ausgeschüttet werden, wenn die Gläubiger des Vereins befriedigt oder abgesichert sind. Abgesichert werden Gläubiger durch Hinterlegung des ihnen geschuldeten Betrags oder Leistung einer anderen Sicherheit. Für Ansprüche, die noch nicht erfüllbar sind oder noch streitig sind, muss Sicherheit geleistet werden. Als nicht erfüllbar gelten auch Ansprüche, die dem Verein bekannt sind, deren Gläubiger sich aber nicht meldet.

Sperrfrist: ein Jahr

Vereinsende

Zahlen die Liquidatoren das restliche Vereinsvermögen vor Ablauf des Sperrjahres schuldhaft aus und entsteht hierdurch einem Gläubiger ein Schaden, sind die Liquidatoren zum Schadenersatz verpflichtet.

Die Liquidation endet nach Abschluss aller notwendigen Abwicklungsmaßnahmen und Verteilung des Liquidationsüberschusses. Erst wenn die Liquidation abgeschlossen ist, tritt die Beendigung des Vereins ein. Mit der Beendigung des Vereins endet auch das Amt der Liquidatoren.

Die Beendigung des Vereins wird im Vereinsregister eingetragen.

2.8.4 Zusammenfassung

- Die Auflösung eines Vereins kann durch Beschluss der Mitgliederversammlung, Entziehung der Rechtsfähigkeit oder Eröffnung eines Insolvenzverfahrens über das Vermögen des Vereins erfolgen.
- Die Mitgliederversammlung kann jederzeit die Auflösung des Vereins mit den in § 41 BGB oder der Vereinssatzung festgelegten Mehrheiten beschließen.
- Die Rechtsfähigkeit eines Vereins kann enden durch Verzicht des Vereins auf die Rechtsfähigkeit oder durch Entziehung der Rechtsfähigkeit durch einen staatlichen Akt.
- Bei Überschuldung des Vereins oder drohender Zahlungsunfähigkeit muss der Vereinsvorstand ein Insolvenzverfahren einleiten, an dessen Ende die Auflösung des Vereins steht.
- Folge der Auflösung ist der Anfall des Vereinsvermögens an die in der Satzung bestimmten Berechtigten oder den Fiskus. Damit das Vereinsvermögen verteilt werden kann, muss der Verein durch Liquidatoren liquidiert werden.
- Das im Rahmen der Liquidation noch zu verteilende Vereinsvermögen darf frühestens ein Jahr nach Bekanntmachung der Auflösung des Vereins an die Anfallberechtigten ausbezahlt werden.

2.8.5 Wiederholungsfragen

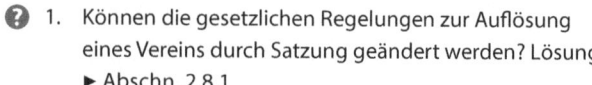 1. Können die gesetzlichen Regelungen zur Auflösung eines Vereins durch Satzung geändert werden? Lösung ► Abschn. 2.8.1

2. Wie kann ein Verein aufgelöst werden? Lösung
   ▶ Abschn. 2.8.1
3. Wann muss ein Insolvenzverfahren eröffnet werden?
   Lösung ▶ Abschn. 2.8.1
4. In welchen Fällen kommt es zum Verlust der Rechtsfähigkeit? Lösung ▶ Abschn. 2.8.2
5. Welche Folgen hat die Auflösung des Vereins? Lösung
   ▶ Abschn. 2.8.3
6. Welche Aufgaben haben Liquidatoren? Lösung
   ▶ Abschn. 2.8.3
7. Wann darf das Vereinsvermögen verteilt werden?
   Lösung ▶ Abschn. 2.8.3

2.9 Das Vereinsschiedsgericht

Ein Vereinsschiedsgericht dient in erster Linie dazu, Streitigkeiten zwischen Verein und Mitgliedern oder Mitgliedern untereinander vereinsintern beizulegen. Darüber hinaus haben Vereinsschiedsgerichte die Aufgabe, Fehlverhalten von Mitgliedern mit Sanktionen zu belegen (lesen Sie hierzu auch ▶ Abschn. 2.5 und 2.6).

Funktion

Damit ein Vereinsschiedsgericht seine Tätigkeit rechtswirksam ausüben kann, muss die Satzung des Vereins eine Bestimmung enthalten, dass der Verein – vertreten durch die Mitgliederversammlung oder durch den Vorstand oder ein anderes Organ – bei bestimmten Verstößen oder bestimmtem Fehlverhalten eine Vereinsstrafe verhängen kann. Dieser Schiedsvereinbarung stimmt das Mitglied mit dem Beitritt zum Verein zu, da es damit die Vereinssatzung als Rechtsgrundlage seiner Mitgliedschaft anerkennt.

Schiedsvereinbarung

> **§ 1029 ZPO – Schiedsvereinbarung/Begriffsbestimmung**
> (1) Schiedsvereinbarung ist eine Vereinbarung der Parteien, alle oder einzelne Streitigkeiten, die zwischen ihnen in Bezug auf ein bestimmtes Rechtsverhältnis vertraglicher oder nichtvertraglicher Art entstanden sind oder künftig entstehen, der Entscheidung durch ein Schiedsgericht zu unterwerfen.
> (2) Eine Schiedsvereinbarung kann in Form einer selbständigen Vereinbarung (Schiedsabrede) oder in Form einer Klausel in einem Vertrag (Schiedsklausel) geschlossen werden.

In der Satzung muss auch festgelegt werden, wer für die Verhängung von Sanktionen zuständig sein soll. Das Recht zur

Wer verhängt Sanktionen?

Verhängung von Sanktionen liegt kraft Gesetzes bei der Mitgliederversammlung. Nun ist es im Alltag etwas umständlich, immer alle Vereinsmitglieder einzuladen, um einen Verstoß eines Mitgliedes zu erörtern und ggf. zu sanktionieren. Deswegen kann in der Satzung ein Vereinsorgan bestimmt werden, das für die Verhängung von Vereinsstrafen zuständig sein soll. Dieses besondere Organ kann z. B. sein:

- Ehrenausschuss,
- Ehrengericht,
- Schiedsgericht,
- besonderes Strafgericht,
- Vereinsgericht.

Amtszeit

Die Satzung kann vorsehen, dass das Schiedsgericht immer nur bei konkreten Streitfällen zusammentritt – und zu sich zu diesem Zweck immer neu konstituiert – oder für eine bestimmte Amtszeit eingesetzt ist. Enthält die Satzung keine Bestimmung für eine bestimmte Amtszeit, wird das Schiedsgericht nach Abschluss des Schiedsverfahrens wieder aufgelöst (§ 1056 Abs. 3 ZPO).

> **§ 1032 ZPO – Schiedsvereinbarung und Klage vor Gericht**
> (1) Wird vor einem Gericht Klage in einer Angelegenheit erhoben, die Gegenstand einer Schiedsvereinbarung ist, so hat das Gericht die Klage als unzulässig abzuweisen, sofern der Beklagte dies vor Beginn der mündlichen Verhandlung zur Hauptsache rügt, es sei denn, das Gericht stellt fest, dass die Schiedsvereinbarung nichtig, unwirksam oder undurchführbar ist.
> (2) Bei Gericht kann bis zur Bildung des Schiedsgerichts Antrag auf Feststellung der Zulässigkeit oder Unzulässigkeit eines schiedsrichterlichen Verfahrens gestellt werden.
> (3) Ist ein Verfahren im Sinne des Absatzes 1 oder 2 anhängig, kann ein schiedsrichterliches Verfahren gleichwohl eingeleitet oder fortgesetzt werden und ein Schiedsspruch ergehen.

Rechtsweg für Mitglieder

Grundsätzlich steht einem Mitglied gegen vereinsinterne Entscheidungen – also auch gegen eine Vereinssanktion – der Weg zu den ordentlichen Gerichten offen. Der Rechtsweg zu den ordentlichen Gerichten kann aber durch eine Satzungsklausel ausgeschlossen und stattdessen der Rechtsweg zu einem Vereinsschiedsgericht festgelegt werden. Existiert eine solche Satzungsbestimmung werden alle vereinsbezogenen Rechtsstreitigkeiten zwischen dem Verein und einem Mitglied und/

oder Mitgliedern untereinander vor dem Vereinsschiedsgericht entschieden. Ein ordentliches Gericht kann dann unter Bezugnahme auf die Schiedsgerichtsvereinbarung den Rechtsstreit abweisen.

2.9.1 Schiedsfähigkeit und Schiedsgericht

> **§ 1030 ZPO – Schiedsfähigkeit**
> (1) Jeder vermögensrechtliche Anspruch kann Gegenstand einer Schiedsvereinbarung sein. Eine Schiedsvereinbarung über nicht-vermögensrechtliche Ansprüche hat insoweit rechtliche Wirkung als die Parteien berechtigt sind, über den Gegenstand des Streites einen Vergleich zu schließen.
> (2) Eine Schiedsvereinbarung über Rechtsstreitigkeiten, die den Bestand eines Mietverhältnisses über Wohnraum im Inland betreffen, ist unwirksam …
> (3) Gesetzliche Vorschriften außerhalb dieses Buches, nach denen Streitigkeiten einem schiedsrichterlichen Verfahren nicht oder nur unter bestimmten Voraussetzungen unterworfen werden dürfen, bleiben unberührt.

Ein Schiedsgerichtsverfahren muss sich nicht lediglich auf die Verhängung vereinsinterner Sanktionen beschränken. Es kann in einem solchen Verfahren auch über sonstige vereinsinterne Entscheidungen „gerichtet" werden, wenn die Satzung dies vorsieht, z. B.

Gegenstand von Schiedsgerichtsverfahren

- Auseinandersetzungen zwischen dem Verein und einem Mitglied über Rechte und Pflichten, die aus der Mitgliedschaft resultieren.

  Beispiel
  Mitglied will keine „freiwilligen Dienste" im Vereinsheim leisten; Mitglied zahlt seinen Beitrag nicht; Mitglied will sich nicht an einer Sonderumlage beteiligen; Streit über die Wirksamkeit der Kündigung der Mitgliedschaft

- Streitigkeiten zwischen Vereinsmitgliedern (mit vereinsrechtlichem Bezug).

  Beispiel
  Streit über die Nutzungszeiten einer Sporthalle, von Tennisplätzen; Streit über Spielverstöße; über unsportliches Verhalten

- Überprüfung von Vereinsstrafen gegenüber Mitgliedern.

> **Beispiel**
> Schiedsgericht entscheidet über Einspruch gegen einen Vereinsausschluss

... dies muss vor ordentliche Gerichte

Kein Schiedsverfahren findet insbesondere in folgenden Fällen statt:

- Der Verein streitet sich mit einem Mitarbeiter.

> **Beispiel**
> Ein Mitarbeiter kommt immer zu spät. Dies soll sanktioniert werden.
> Das Schiedsgericht ist nicht zuständig, da es sich um eine arbeitsrechtliche Auseinandersetzung handelt.

- Mehrere Vereinsmitglieder streiten sich – aber nicht über Vereinsangelegenheiten, sondern über vereinsfremde Angelegenheiten.

> **Beispiel**
> Vereinsmitglied A lieh Vereinsmitglied B Geld. B verweigert die Rückzahlung. A muss seinen Rückzahlungsanspruch vor einem staatlichen Gericht geltend machen.

- Der Verein streitet sich mit einem Nichtmitglied.

> **Beispiel**
> Der Verein plant die Erweiterung des Vereinsheims. Ein Nachbar hat baurechtliche Bedenken. Dieser Streit gehört auch dann nicht vor das Vereinsschiedsgericht, wenn der Nachbar gleichzeitig Mitglied des Vereins ist, da das Baurecht keine vereinsinterne Angelegenheit ist.

Streitigkeiten ohne Vereinsbezug

Nicht unter die Schiedsgerichtsbarkeit fallen Streitigkeiten, die keinen Vereinsbezug haben. Der Vereinsbezug leitet sich in erster Linie aus der Vereinsmitgliedschaft ab. Scheidet ein Mitglied aus dem Verein aus, gilt für dieses Mitglied nicht mehr die Satzung und es unterliegt nicht mehr die Schiedsgerichtsvereinbarung. Wurde die Rechtsstreitigkeit vor dem Ausscheiden des Mitglieds aus dem Verein begründet, wird der Rechtsstreit dennoch vom Schiedsgericht entschieden.

> **§ 1034 ZPO – Zusammensetzung des Schiedsgerichts**
> (1) Die Parteien können die Anzahl der Schiedsrichter vereinbaren. Fehlt eine solche Vereinbarung, so ist die Zahl der Schiedsrichter drei.
> (2) Gibt die Schiedsvereinbarung einer Partei bei der Zusammensetzung des Schiedsgerichts ein Übergewicht, das die andere Partei benachteiligt, so kann diese Partei bei Gericht beantragen, den oder die Schiedsrichter abweichend von der erfolgten Ernennung oder der vereinbarten Ernennungsregelung zu bestellen. Der Antrag ist spätestens bis zum Ablauf von zwei Wochen, nachdem der Partei die Zusammensetzung des Schiedsgerichts bekannt geworden ist, zu stellen. § 1032 Abs. 3 gilt entsprechend.

Schiedsrichter können Vereinsmitglied sein, müssen aber nicht. Auch Nichtvereinsmitglieder können Schiedsrichter werden. Die streitenden Parteien sind jedoch als Schiedsrichter ausgeschlossen. Minderjährige können nicht zum Schiedsrichter berufen werden. Das Schiedsgerichtsverfahren richtet sich nach den §§ 1025 Zivilprozessordnung (ZPO). Es ist ein rechtsstaatlichen Grundsätzen entsprechendes Verfahren. Dies bedeutet u. a.:

- Der Schiedsspruch hat unter den Parteien des Rechtsstreits die Wirkung eines rechtskräftigen Urteils. Es kann daher auch vollstreckt werden.
- Das Schiedsgericht muss den strittigen Sachverhalt umfassend – ggf. auch durch die Erhebung von Beweisen (z. B. Zeugenvernehmung) – aufklären.
- Auf das Schiedsverfahren kann durch andere Vereinsorgane oder Mitglieder kein Einfluss genommen werden.
- Das Schiedsgericht ist ausgewogen besetzt, keine Partei hat ein Übergewicht.
  Die Anzahl der Schiedsrichter wird in der Satzung festgelegt (§ 1034 ZPO). Fehlt eine derartige Festlegung, besteht das Schiedsgericht aus drei Personen.
- Die Parteien sind gleich zu behandeln (§ 1042 ZPO). Jede Partei hat Anspruch auf rechtliches Gehör. Sie darf sich auch durch einen Bevollmächtigten vertreten lassen. Rechtsanwälte dürfen als Bevollmächtigte nicht ausgeschlossen werden.
- Ist eine Partei minderjährig, sind die gesetzlichen Vertreter hinzuziehen. Es muss sichergestellt werden, dass die gesetzlichen Vertreter frühzeitig informiert werden und dass sie zu keiner Zeit vom Recht der Vertretung ausgeschlossen sind.

rechtliches Gehör

- Ist das Schiedsverfahren ein Verfahren zur Verhängung einer Vereinsstrafe, ist folgendes zusätzlich zu beachten: Ein Vereinsstrafverfahren kann aufgrund eines Antrags aus dem Verein, aber auch auf Betreiben des Schiedsgerichts eingeleitet werden. Der Betroffene muss vor der Strafverhängung Gelegenheit erhalten, sich schriftlich oder mündlich zu äußern.

Gegenstand eines Schiedsverfahrens können sein:
- Vermögensrechtliche Ansprüche (§ 1030 ZPO) sowie
- alle Ansprüche, über die die am Streit beteiligten Parteien einen Vergleich schließen können (§ 1030 Absatz 1 Satz 2 ZPO);
- die Verhängung von Vereinsstrafen, soweit die Vereinsatzung dies so vorsieht.

Schiedsort

Die Satzung kann bereits die Festlegung eines bestimmten Schiedsortes enthalten, muss aber nicht. Das Schiedsgericht kann den Ort der Schiedsgerichtsbarkeit auch in einer Schiedsordnung festlegen.

2.9.2 Die Schiedsverhandlung

Antrag auf Schiedsverfahren

Das Schiedsverfahren beginnt mit dem Tag, in dem der Beklagte/im Falle der Vereinsstrafe der Beschuldigte den Antrag des Klägers/Anklägers, ein Schiedsverfahren durchzuführen, erhalten hat. Der Antrag muss die Bezeichnung der Parteien, die Angabe des Streitgegenstandes sowie einen Hinweis darauf enthalten, dass nach der Satzung das Schiedsgericht zuständig ist.

Darlegung des Sachverhaltes

Der Kläger muss seinen Anspruch und die Tatsachen, auf die er diesen Anspruch stützt, dem Schiedsgericht – innerhalb einer von diesem gesetzten Frist – darlegen. Der Beklagte hat dann Gelegenheit hierzu – ggf. ebenfalls innerhalb einer vom Schiedsgericht gesetzten Frist – Stellung zu nehmen. In der Regel können beide Seiten ihren Vortrag im Laufe des Verfahrens noch ergänzen. Das Schiedsgericht kann allerdings einen Zeitpunkt bestimmen, nach dessen Ablauf keine ergänzenden Vorträge mehr möglich sind (§ 1046 ZPO).

mündliche Verhandlung auf Antrag

Wenn die Schiedsordnung keine Vorschriften enthält, ob in jedem Fall eine mündliche Verhandlung stattfindet, entscheidet das Schiedsgericht in eigener Verantwortung, ob mündlich verhandelt werden soll oder ob das Verfahren allein auf der Grundlage von Dokumenten und anderen Unterlagen (= schriftliches Verfahren) durchgeführt wird. Schließt die Satzung eine mündliche Verhandlung nicht ausdrücklich aus, ist eine mündliche Verhandlung auf jeden Fall durchzuführen, wenn eine Partei dies beantragt.

Alle Schriftsätze, Dokumente und sonstige Mitteilungen, die dem Schiedsgericht von einer Partei vorgelegt werden, müssen der anderen Partei zur Kenntnis gebracht werden. Gutachten oder andere schriftliche Beweismittel, die sich das Schiedsgericht beschafft, müssen beiden Parteien zur Kenntnis gebracht werden. Trifft sich das Schiedsgericht zu einer mündlichen Verhandlung oder einer Beweisaufnahme, muss es die Parteien so rechtzeitig vorher benachrichtigen, dass diese daran teilnehmen können.

Austausch von Schriftwechsel

Das Schiedsverfahren endet mit einem Vergleich der Parteien:

Ende des Verfahrens: ... Vergleich der Parteien

- Ein Vergleich zwischen den Streitenden kann z. B. darin bestehen, dass eine Vereinbarung über die Nutzung des Tennisplatzes für einen bestimmten Zeitraum getroffen wird oder dass der Verein einem säumigen Mitglied die Zahlung in Raten erlaubt.

> **§ 1053 ZPO – Vergleich**
> (1) Vergleichen sich die Parteien während des schiedsrichterlichen Verfahrens über die Streitigkeit, so beendet das Schiedsgericht das Verfahren. Auf Antrag der Parteien hält es den Vergleich in der Form eines Schiedsspruchs mit vereinbartem Wortlaut fest, sofern der Inhalt des Vergleichs nicht gegen die öffentliche Ordnung (ordre public) verstößt.
> (2) Ein Schiedsspruch mit vereinbartem Wortlaut ist gemäß § 1054 zu erlassen und muss angeben, dass es sich um einen Schiedsspruch handelt. Ein solcher Schiedsspruch hat dieselbe Wirkung wie jeder andere Schiedsspruch zur Sache.
> (3) Soweit die Wirksamkeit von Erklärungen eine notarielle Beurkundung erfordert, wird diese bei einem Schiedsspruch mit vereinbartem Wortlaut durch die Aufnahme der Erklärungen der Parteien in den Schiedsspruch ersetzt.
> (4) Mit Zustimmung der Parteien kann ein Schiedsspruch mit vereinbartem Wortlaut auch von einem Notar, der seinen Amtssitz im Bezirk des nach § 1062 Abs. 1, 2 für die Vollstreckbarerklärung zuständigen Gerichts hat, für vollstreckbar erklärt werden. Der Notar lehnt die Vollstreckbarerklärung ab, wenn die Voraussetzungen des Absatzes 1 Satz 2 nicht vorliegen.

... Schiedsspruch

- durch einen Schiedsspruch:
Ein Schiedsspruch wird immer dann notwendig, wenn der Streitgegenstand entweder keinen Vergleich zulässt – z. B. wenn es um die Verhängung einer Vereinsstrafe geht – oder die Parteien keinen Vergleich schließen wollen (weil sie sich nicht einig werden).

> **§ 1054 ZPO – Form und Inhalt des Schiedsspruches**
> (1) Der Schiedsspruch ist schriftlich zu erlassen und durch den Schiedsrichter oder die Schiedsrichter zu unterschreiben. In schiedsrichterlichen Verfahren mit mehr als einem Schiedsrichter genügen die Unterschriften der Mehrheit der Mitglieder des Schiedsgerichts, sofern der Grund für die fehlende Unterschrift angegeben ist.
> (2) Der Schiedsspruch ist zu begründen, es sei denn, die Parteien haben vereinbart, dass keine Begründung gegeben werden muss, oder es handelt sich um einen Schiedsspruch mit vereinbartem Wortlaut im Sinne des § 1053 ZPO.
> (3) Im Schiedsspruch sind der Tag, an dem er erlassen wurde, und der nach § 1043 Abs. 1 bestimmte Ort des schiedsrichterlichen Verfahrens anzugeben. Der Schiedsspruch gilt als an diesem Tag und diesem Ort erlassen.
> (4) Jeder Partei ist ein von den Schiedsrichtern unterschriebener Schiedsspruch zu übermitteln.

schriftliche Entscheidung

Besteht das Schiedsgericht aus mehr als einer Person, ist der Schiedsspruch mit der Mehrheit der Stimmen der Schiedsrichter zu treffen. Der Schiedsspruch muss schriftlich verfasst und von den Schiedsrichtern unterschrieben werden. Die Schiedsrichter haben ihre Entscheidung zu begründen, es sei denn, die Parteien des Rechtsstreits haben hierauf verzichtet. Jede Partei erhält einen von den Schiedsrichtern unterschriebenen Schiedsspruch.

> **§ 1055 ZPO – Wirkung des Schiedsspruches**
> Der Schiedsspruch hat unter den Parteien die Wirkung eines rechtskräftigen gerichtlichen Urteils.

Wirkung wie Urteil

Der Schiedsspruch wirkt zwischen den Parteien des Rechtsstreits wie das rechtskräftige Urteil eines staatlichen Gerichts (§ 1055 ZPO). Die Parteien können daher wegen der durch Schiedsspruch entschiedenen Angelegenheit nicht nochmals

2.9 · Das Vereinsschiedsgericht

ein ordentliches Gericht anrufen. Die Parteien müssen sich an den Inhalt des Schiedsspruches halten und ihn erfüllen. Enthält der Schiedsspruch z. B. die Verurteilung zu einer Geldbuße, kann der Gerichtsvollzieher mit der Vollstreckung beauftragt werden, wenn das verurteilte Vereinsmitglied nicht zahlt.

> **§ 1056 ZPO – Beendigung des schiedsrichterlichen Verfahrens**
> (1) Das schiedsrichterliche Verfahren wird mit dem endgültigen Schiedsspruch oder mit einem Beschluss des Schiedsgerichts nach Absatz 2 beendet.
> (2) Das Schiedsgericht stellt durch Beschluss die Beendigung des schiedsrichterlichen Verfahrens fest, wenn
> 1. der Kläger
>   a) es versäumt, seine Klage nach § 1046 Abs. 1 einzureichen und kein Fall des § 1048 Abs. 4 vorliegt, oder b) seine Klage zurücknimmt, es sei denn, dass der Beklagte dem widerspricht und das Schiedsgericht ein berechtigtes Interesse des Beklagten an der endgültigen Beilegung der Streitigkeit anerkennt, oder
> 2. die Parteien die Beendigung des Verfahrens vereinbaren, oder
> 3. die Parteien das schiedsrichterliche Verfahren trotz Aufforderung des Schiedsgerichts nicht weiter betreiben oder die Fortsetzung des Verfahrens aus einem anderen Grund unmöglich geworden ist.
>
> (3) Vorbehaltlich des § 1057 Absatz 2 und der §§ 1058, 1059 Abs. 4 endet das Amt des Schiedsgerichts mit der Beendigung des schiedsrichterlichen Verfahrens.

Das Schiedsverfahren ist mit dem Schiedsspruch beendet (§ 1056 ZPO). In folgenden Fällen stellt das Schiedsgericht, ohne Entscheidung in der Sache zu treffen, die Beendigung des Schiedsverfahrens durch einfachen Beschluss fest:
- Der Kläger versäumt es, seinen Anspruch zu begründen und darzulegen – also Klage einzureichen.
- Der Kläger nimmt seine Klage zurück und der Beklagte widerspricht dem nicht.
- Die Parteien vereinbaren die Beendigung des Schiedsverfahrens und teilen dem Schiedsgericht dies mit.
- Die Parteien betreiben das Verfahren trotz Aufforderung des Schiedsgerichts nicht weiter.

Ausnahme: keine Sachentscheidung

Verfahrenskosten

Sofern die Satzung hierzu zur Frage, wer die Kosten eines Schiedsverfahrens trägt, keine Bestimmung enthält, entscheidet das Schiedsgericht, zu welchem Anteil die Parteien die Kosten des schiedsgerichtlichen Verfahrens zu tragen haben (§ 1057 ZPO).

§ 1059 ZPO lässt als Rechtsmittel gegen einen Schiedsspruch den „Antrag auf gerichtliche Aufhebung" zu. Dieser Antrag ist allerdings nur unter engen Voraussetzungen zulässig:

Rechtsmittel

- Es liegt keine gültige Satzungsbestimmung für die Errichtung eines Schiedsgerichts oder die Durchführung von Schiedsgerichtsverfahren vor; oder
- die Satzungsbestimmungen zum Schiedsgerichtsverfahren oder die Vereinsschiedsgerichtsordnung verstoßen gegen deutsches Recht; oder
- einer Partei wurde nicht ausreichend rechtliches Gehör gewährt; oder
- eine Partei wurde von der Bestellung eines Schiedsrichters oder von dem schiedsrichterlichen Verfahren nicht gehörig in Kenntnis gesetzt; oder

Aufhebung des Schiedsspruchs

- der Schiedsspruch betrifft eine nicht schiedsfähige Streitigkeit oder eine Angelegenheit, für die das Schiedsgericht laut Satzung oder Schiedsgerichtsordnung nicht zuständig ist; oder
- die Anerkennung des Schiedsspruches würde gegen geltendes Recht, die guten Sitten oder die öffentliche Ordnung verstoßen; oder
- die Bildung des Schiedsgerichts oder das schiedsrichterliche Verfahren widersprachen den Bestimmungen der ZPO oder den Satzungsbestimmungen und es ist nicht auszuschließen, dass sich dies auf den Schiedsspruch ausgewirkt hat.

Frist: drei Monate

Sofern in der Satzung oder Schiedsgerichtsordnung nichts anderes vorgesehen ist, muss der Aufhebungsantrag innerhalb von drei Monaten nach Erhalt des Schiedsspruches bei Gericht eingereicht werden. Zuständig ist das Gericht, das in der Satzung oder Schiedsgerichtsordnung hierfür bestimmt wurde. Fehlt eine besondere Bestimmung, ist das Amts- oder Landgericht zuständig, das für die gerichtliche Geltendmachung des durch Schiedsspruch entschiedenen Anspruchs zuständig wäre.

2.9.3 Muster Schiedsgerichtsvereinbarung

§ 1 Anwendungsbereich
Diese Schiedsvereinbarung findet Anwendung, wenn eine vom Vorstand verhängte Vereinsstrafe überprüft oder eine sonstige im Streit befindliche Vereinssache geschlichtet werden soll. Sie findet insbesondere Anwendung, wenn zwischen dem Verein und seinen Mitgliedern über Rechte und Pflichten aus der Mitgliedschaft gestritten wird oder Vereinsmitglieder untereinander über mitgliedschaftliche oder vereinsbezogene Fragen streiten.

§ 2 Ausschluss staatlicher Gerichte
Das Schiedsgericht entscheidet endgültig. Der Rechtsweg zu den staatlichen Gerichten ist ausgeschlossen.

§ 3 Zusammensetzung des Schiedsgerichts
1. Das Schiedsgericht besteht aus drei Schiedsrichtern (= dem Vorsitzenden und zwei Beisitzern). Schiedsrichter kann nur sein, wer Mitglied im Verein ist und den Jahresbeitrag bezahlt hat.
2. Die Mitglieder des Schiedsgerichts erhalten keine Vergütung. Notwendige Aufwendungen werden jedoch aus der Vereinskasse erstattet.
3. Die Schiedsrichter und vier Ersatzmitglieder werden für die Dauer von zwei Jahren auf der Mitgliederversammlung des Vereins gewählt. Das Amt endet mit Ablauf der Wahlperiode. Eine Wiederwahl der Schiedsrichter ist möglich.
4. Vorsitzender des Schiedsgerichts wird, wer die meisten Stimmen auf sich vereinigt. Bei Stimmengleichheit entscheidet das Los. Stehen nicht ausreichend viele Vereinsmitglieder für das Amt der Schiedsrichter zur Verfügung, haben die Vereinsmitglieder das Schiedsrichteramt zu übernehmen, deren Name in der Mitgliederliste nach dem Alphabet oben steht. Eine wiederholte Amtsübernahme ist erst erforderlich, wenn bereits alle zur Verfügung stehenden Mitglieder das Amt übernommen haben. Die Übernahme des Amtes als Ersatzschiedsrichter steht der Vollübernahme nach drei Wahlperioden gleich.
5. Sind Schiedsrichter aufgrund einer persönlichen Betroffenheit mit der Sache oder durch Krankheit, Tod usw. an der Wahrnehmung ihrer Aufgaben gehindert, sind die Ersatzmitglieder in alphabetischer Reihenfolge zu berufen.

§ 4 Neutralität der Schiedsrichter
1. Schiedsrichter darf nicht sein, bei wem die Ausschließungsgründe des § 41 ZPO vorliegen.
2. Ein Schiedsrichter darf keine der am Verfahren beteiligten Parteien beraten oder sie vertreten.
3. Betrifft eine zur Verhandlung anstehende Sache unmittelbar oder mittelbar einen der Schiedsrichter, ist dieser von der Teilnahme an dem Verfahren ausgeschlossen. Soweit jedoch keine der Parteien Rüge erhebt, entfaltet der Schiedsspruch volle Wirksamkeit.

§ 5 Anrufungsfrist
1. Eine Vereinsentscheidung wird durch das Schiedsgericht nur dann überprüft, wenn das Gericht innerhalb von drei Wochen nach Zugang der Entscheidung angerufen wird. Die Frist wird nur dann gewahrt, wenn der Antrag auf Tätigwerden des Schiedsgerichts beim Vorsitzenden des Schiedsgerichts oder einem Vorstandsmitglied bis zum Ablauf der 3-Wochen-Frist eingeht.
2. Die Anrufung des Schiedsgerichts hat schriftlich zu erfolgen. Der Antrag ist zu unterzeichnen. Neben dem Antrag muss der Antragssteller eine Klageschrift einreichen. Die Klageschrift soll den Sachverhalt darstellen, Beweismittel benennen und einen Antrag beinhalten, aus dem das Begehren des Antragsstellers hervorgeht.
3. Auf Rechtsstreitigkeiten, denen keine Vereinsentscheidung vorausgeht, findet die 3-Wochen-Frist keine Anwendung. Die Anrufung des Schiedsgerichts ist jedoch ausgeschlossen, wenn der Rechtsstreit länger als ein Jahr zurückliegt.

§ 6 Schriftsätze
1. Die Klageschrift soll dem Gegner schriftlich übermittelt werden.
2. Mit Zustellung der Klageschrift ist der Gegner aufzufordern, schriftlich innerhalb einer Woche nach Zugang der Klage Stellung zu nehmen.
3. Ist den Parteien darüber hinaus Gelegenheit zur weiteren Stellungnahme zu geben, so fordert das Schiedsgericht hierzu auf und setzt eine Frist zur Stellungnahme.
4. Schriftsätze der Parteien sind dem jeweiligen Gegner zuzuleiten.

§ 7 Verhandlungsort und -termin
Der Vorsitzende bestimmt Ort und Zeit der mündlichen Verhandlung des Schiedsgerichts. Grundsätzlich ist die Verhandlung am Sitz des Vereins zu führen. Nur aus dringenden Gründen kann der Vorsitzende einen anderen Versammlungsort bestimmen.

§ 8 Mündliche Verhandlung
1. Zu den mündlichen Verhandlungen des Gerichtes sind die Parteien und ggf. Zeugen und Sachverständige zu laden. Die Ladung erfolgt durch Einschreiben mit Rückschein. Eine Ladungsfrist von zehn Tagen ist einzuhalten.
2. Über die Verhandlung ist ein Protokoll zu führen. Den Protokollführer bestimmt das Gericht.
3. Die Parteien können sich durch einen bei einem deutschen Gericht zugelassenen Rechtsanwalt vertreten lassen.
4. Die Verhandlung ist nicht öffentlich.

§ 9 Säumnis einer Partei
Erscheint weder eine Partei noch ihr Parteivertreter zum bekannt gegebenen Termin, so entscheidet das Gericht durch Anhörung der erschienenen Partei und nach Aktenlage.

§ 10 Gütliche Einigung
1. Das Schiedsgericht soll in jedem Stadium des Verfahrens auf eine gütliche Beilegung des Streits hinwirken.
2. Kommt ein Vergleich zustande, so muss sich der Schuldner der sofortigen Zwangsvollstreckung unterwerfen. Ein Vergleich ist von den Schiedsrichtern zu protokollieren, zu unterzeichnen und auf der Geschäftsstelle des Amtsgerichts am Vereinssitz niederzulegen.

§ 11 Schiedsspruch
Kommt ein Vergleich nicht zustande, entscheidet das Gericht nach mündlicher Verhandlung in geheimer Abstimmung mit Stimmenmehrheit. Der Schiedsspruch ist mit Gründen zu versehen und von den Mitgliedern des Schiedsgerichts zu unterzeichnen. Den Parteien ist eine Ausfertigung zuzustellen.

> **§ 12 Kosten**
> 1. Jede Partei trägt die ihr entstandenen Kosten selbst, soweit nicht im Schiedsspruch oder im Vergleich etwas anderes bestimmt wird.
> 2. Die Kosten für das Schiedsgericht, die Zeugen und Sachverständigen werden von der unterliegenden Partei getragen.

2.9.4 Wiederholungsfragen

1. Unter welchen Voraussetzungen darf ein Vereinsschiedsgericht tätig werden? Lösung ▶ Abschn. 2.9.1
2. Welche Ansprüche sind schiedsfähig? Lösung ▶ Abschn. 2.9.1
3. Wie setzt sich ein Schiedsgericht zusammen? Lösung ▶ Abschn. 2.9.1
4. Wie läuft eine Schiedsverhandlung ab? Lösung ▶ Abschn. 2.9.2
5. Wie kann ein Schiedsverfahren beendet werden? Lösung ▶ Abschn. 2.9.2
6. Welche Wirkung hat ein Schiedsspruch? Lösung ▶ Abschn. 2.9.2
7. Gibt es Rechtsmittel gegen einen Schiedsspruch? Lösung ▶ Abschn. 2.9.2

Der nicht rechtsfähige Verein

3.1	**Rechtsgrundlagen** – 104	
3.1.1	Anwendbare Gesetze – 105	
3.1.2	Satzungsrecht – 107	
3.2	**Organe des Vereins** – 107	
3.2.1	Vorstand – 107	
3.2.2	Die Mitgliederversammlung – 109	
3.2.3	Weitere Vereinsorgane – 109	
3.3	**Mitgliedschaft** – 109	
3.3.1	Erwerb und Verlust der Mitgliedschaft – 110	
3.3.2	Inhalt der Mitgliedschaft – 110	
3.4	**Vermögen und Haftung des Vereins** – 111	
3.5	**Ende des Vereins** – 113	
3.6	**Zusammenfassung** – 114	
3.7	**Wiederholungsfragen** – 114	

© Springer-Verlag GmbH Deutschland 2017
R. J. Bährle, *Vereinsrecht – Schnell erfasst,* Recht – Schnell erfasst,
DOI 10.1007/978-3-662-53757-2_3

◘ Abb. 3.1 Formulare. (Rainald Fenke)

3.1 Rechtsgrundlagen

Vereinsbegriff

Der Vereinsbegriff ist identisch mit dem für rechtsfähige Vereine anwendbaren. Es handelt sich als auch bei einem nicht rechtsfähigen Verein um einen Zusammenschluss mehrerer Personen zur Verfolgung eines gemeinsamen Zwecks. Auch nicht rechtsfähige Vereine haben Vereinsorgane – wie Vorstand, Mitgliederversammlung. Ein nicht rechtsfähiger Verein liegt vor, wenn folgende Merkmale erfüllt sind:
1. Es handelt sich um einen freiwilligen Zusammenschluss mehrerer Personen auf unbestimmte Zeit oder zumindest für eine gewisse Zeit
2. mit dem Ziel, einen gemeinsamen nicht wirtschaftlichen oder wirtschaftlichen Zweck oder beide Zwecke zu verfolgen,
3. wobei die Personenvereinigung eine körperliche Verfassung hat,
4. einen Gesamtnamen führt und
5. in ihrer Existenz vom Wechsel ihrer Mitglieder unabhängig sein muss.

Im Gegensatz zum rechtsfähigen eingetragenen Verein ist der nicht rechtsfähige/nicht eingetragene Verein keine juristische Person. Aber auch ein nicht rechtsfähiger Verein kann Träger von Rechten und Pflichten sein und ist zumindest beschränkt rechtsfähig.

3.1 · Rechtsgrundlagen

3.1.1 Anwendbare Gesetze

Der nicht rechtsfähige Verein kann als nicht wirtschaftlicher Idealverein oder als wirtschaftlicher Verein bestehen. Jeder Verein, der später rechtsfähig wird, ist bis zur Erlangung der Rechtsfähigkeit zunächst ein nicht rechtsfähiger Verein.

Durch Gesetz kann einem nicht rechtsfähigen Verein eine Betätigung oder Berechtigung untersagt bzw. für die Betätigung oder Berechtigung gefordert werden, dass der Verein Rechtsfähigkeit erlangt. Derartige gesetzliche Einschränkungen sind gerechtfertigt im Hinblick darauf, dass nicht rechtsfähige Vereine lediglich teilrechtsfähig sind.

> **§ 54 BGB – Nicht rechtsfähige Vereine**
> Auf Vereine, die nicht rechtsfähig sind, finden die Vorschriften über die Gesellschaft Anwendung. Aus einem Rechtsgeschäft, das im Namen eines solchen Vereins einem Dritten gegenüber vorgenommen wird, haftet der Handelnde persönlich; handeln mehrere, so haften sie als Gesamtschuldner.

Grundsätzlich gelten für alle nicht rechtsfähigen Vereine die Vorschriften über die Gesellschaft bürgerlichen Rechts (§§ 705 ff. BGB). Die Rechtsprechung hat darüber hinaus entschieden, dass auf den nicht rechtsfähigen Verein die für den rechtsfähigen Verein geltenden Vorschriften entsprechende Anwendung finden sollen, sofern nicht die fehlende allgemeine Rechtsfähigkeit und der nicht abdingbare Anwendungsbereich des § 54 Satz 2 BGB über die Haftung des für den nicht rechtsfähigen Verein Handelnden entgegenstehen (BGHZ 50, 325) (◘ Abb. 3.1).

Recht der GbR und Vereinsrecht

Dem nicht rechtsfähigen Verein wurde damit durch die Gerichte eine Teilrechtsfähigkeit zuerkannt. Diese Teilrechtsfähigkeit führt dazu, dass der nicht rechtsfähige Verein als Körperschaft Träger von Rechten und Pflichten sein kann. Die Teilrechtsfähigkeit wird z. B. anerkannt im

Teilrechtsfähigkeit

- Arbeitsrecht: Nicht rechtsfähige Vereine können wirksam Arbeitsverträge abschließen und bei Streitigkeiten aus Arbeitsverhältnissen als Verein verklagt werden. Wäre dies nicht der Fall, müssten alle Mitglieder einen Arbeitsvertrag unterschreiben, bei Streitigkeiten müsste der Arbeitnehmer sämtliche Mitglieder verklagen.
- Öffentlichen Recht: Hier werden nicht rechtsfähige Vereine weitgehend als selbstständige Rechtsträger angese-

… im Arbeitsrecht

... im Steuerrecht

hen. So kann ein nicht rechtsfähiger Verein steuerfähig sein, Inhaber einer Gaststättenerlaubnis werden.

- Steuerrecht: Die Abgabenordnung enthält keine besonderen Bestimmungen zur Steuerrechtsfähigkeit eines nicht rechtsfähigen Vereins. Sie wird aufgrund der Bestimmung des § 79 Absatz 1 Nr. 2 AO als gegeben vorausgesetzt. In dieser Bestimmung heißt es, das für Vereinigungen ihre gesetzlichen Vertreter oder besonders Beauftragte handeln.
- Verwaltungsverfahren: Auch in Verwaltungsverfahren und Verwaltungsgerichtsprozessen wird einem nicht rechtsfähigen Verein Teilrechtsfähigkeit zuerkannt. Sie können an Verwaltungsverfahren oder Verwaltungsgerichtsprozessen beteiligt sein, soweit ihnen ein Recht zustehen kann (siehe z. B. § 11 Nr. 2 VwVfG, § 10 Nr. 2 SGB X, § 61 Nr. 1 VwGO oder § 70 Nr. 2 SGG).

... im Strafrecht als Nebenkläger

- Strafprozess und Ordnungswidrigkeitenverfahren/Verein als Verletzter: Ein Verein kann durch eine strafbare Handlung geschädigt werden, z. B. bei einem Einbruch in das Vereinsheim. Der Verein kann dann, wenn die Staatsanwaltschaft das Verfahren gegen den Täter einstellen sollte, ein Klagerzwingungsverfahren durchführen. Ist dieses erfolgreich, kann der Verein als Nebenkläger auftreten. Bei Straftaten, die auch im Wege der Privatklage verfolgbar sind – z. B. Beleidigungen, Hausfriedensbruch – kann der Verein sich bei Erhebung der öffentlichen Klage durch die Staatsanwaltschaft ebenfalls als Nebenkläger anschließen.

... im Strafrecht als „Täter"

- Strafprozess und Ordnungswidrigkeitenverfahren/Verein als Beteiligter: Begeht ein Vorstandsmitglied eine Straftat oder eine Ordnungswidrigkeit kann als Nebenfolge der Tat gegen den Verein eine Geldbuße festgesetzt werden (s. z. B. § 30 Absatz 1 OwiG) oder der Verein zum Wertersatz verurteilt werden. Kommt eine derartige Maßnahme gegen den Verein in Betracht, muss der Verein im Ermittlungs- und im sich anschließenden Strafverfahren beteiligt werden.

> **§ 50 ZPO – Parteifähigkeit**
> (1) Parteifähig ist, wer rechtsfähig ist.
> (2) Ein Verein, der nicht rechtsfähig ist, kann verklagt werden; in dem Verfahren hat der Verein die Stellung eines rechtsfähigen Vereins.

beschränkte aktive Parteifähigkeit

- Zivilprozess: Wegen der Vorschrift des § 50 Absatz 1 ZPO fehlt einem nicht rechtsfähigen Verein die aktive Parteifähigkeit. Da dies im Rechtsverkehr unpraktisch ist, hat die Rechtsprechung im Wege der Rechtsfortbildung der Außengesellschaft des bürgerlichen Rechts im Sinne der §§ 705 ff. BGB die Rechtsfähigkeit zuerkannt, soweit die Gesellschaft durch Teilnahme am Rechtsverkehr eigene Rechte und Pflichten begründet. In diesem Rahmen ist die Gesellschaft des bürgerlichen Rechts aktiv und passiv parteifähig. Diese Grundsätze werden auf den nicht rechtsfähigen Verein übertragen. Dieser ist – entgegen des Wortlautes des § 50 Absatz 1 ZPO – also aktiv parteifähig in dem Rahmen, in dem er Rechte und Pflichten begründen kann.

3.1.2 Satzungsrecht

Der nicht rechtsfähige Verein hat in gleichem Umfang wie ein rechtsfähiger Verein das durch Artikel 9 Absatz 1 und Artikel 3 GG geschützte Recht, sich selbst eine Ordnung in Form einer Vereinssatzung zu geben. § 25 BGB gilt für nicht rechtsfähige Vereine analog.

Die Satzung eines nicht rechtsfähigen Vereins enthält die Grundsatzentscheidungen, die das Vereinsleben bestimmen sollen. Die Satzung eines nicht rechtsfähigen Vereins kann auch eine Vereinsschiedsgerichtsbarkeit vorsehen. Ohne Satzung gilt der Personenzusammenschluss nicht als rechtsfähiger Verein.

Da die Vorschriften des rechtsfähigen Vereins nicht anwendbar sind, können Satzungsänderungen und Satzungsergänzungen auch durch eine stillschweigende Übereinkunft der Vereinsmitglieder zustande kommen. Es muss also nicht zwingend eine Mitgliederversammlung stattfinden und mit Mehrheit die Satzungsänderung/-ergänzung beschlossen werden.

Teil der Vereinsverfassung eines nicht rechtsfähigen Vereins sind auch die BGB – Vorschriften für rechtsfähige Vereine, soweit sie nicht ausdrücklich Rechtsfähigkeit voraussetzen und sie – ihrem Inhalt und Zweck nach – auch für nicht eingetragene Vereine in Betracht kommen. Die Satzung kann diese Vorschriften aufgreifen und damit die §§ 705 ff. BGB abbedingen.

Satzungsrecht

3.2 Organe des Vereins

3.2.1 Vorstand

Auch ein nicht rechtsfähiger Verein muss einen Vorstand haben. Ohne einen Vorstand fehlt es an der körperschaftlichen

Struktur der Personenvereinigung. Sie ist dann eine Gesellschaft bürgerlichen Rechts.

Mitgliederversammlung wählt Vorstand

Für die Bestellung des Vorstandes gelten die für rechtsfähige Vereine bestehenden Grundsätze des § 27 BGB entsprechend. Im Zweifel wird also der Vorstand durch die Mitgliederversammlung bestellt. Der Gewählte muss seine Bestellung annehmen und ist zur Amtsführung nach den Grundsätzen des Auftragsrechts verpflichtet, falls die Satzung oder eine mit dem Gewählten getroffene Vereinbarung nichts anderes vorsehen.

Notvorstand

Der Vorstand eines nicht rechtsfähigen Vereins kann in Notfällen auch durch das Gericht in entsprechender Anwendung des § 29 BGB bestellt werden (LG Berlin NJW 1970, 1047). Der Antrag ist bei dem Amtsgericht zu stellen, in dessen Bezirk der nicht rechtsfähige Verein seinen Sitz hat.

Das Vorstandsamt kann aus denselben Gründen wie bei einem rechtsfähigen Verein beendet werden.

Macht durch Satzung

Der Vorstand eines nicht rechtsfähigen Vereins bezieht seine Vertretungsmacht allein aus der Satzung oder mit dem Verein geschlossenen Vereinbarungen. Der Vorstand eines nicht rechtsfähigen Vereins kann seine Vertretungsmacht nicht aus dem nur für rechtsfähige Vereine geltenden § 26 BGB ableiten.

Enthält die Satzung keine Bestimmungen zur Vertretungsbefugnis des Vorstands gilt im Zweifel die Vermutung, dass der Vorstand zur umfassenden Vertretung berechtigt ist. Ein Dritter muss eine Beschränkung der Vertretungsmacht des Vorstandes nur dann gegen sich gelten lassen, wenn er davon weiß oder wissen konnte. Daher kann es notwendig sein, dass ein Dritter, der mit dem nicht rechtsfähigen Verein ein Rechtsgeschäft abschließen will, sich über die Vertretungsmacht des handelnden Vorstandsmitglieds erkundigen muss.

Besteht der Vorstand aus mehreren Mitgliedern und enthält die Satzung keine Bestimmung darüber, wie sich die Willensbildung im Vorstand vollzieht, gelten § 28 Absatz 1, § 32 BGB entsprechend.

Geschäftsführungsbefugnis

Auch bei einem nicht rechtsfähigen Verein führt der Vorstand die laufenden Geschäfte des Vereins, wenn die Satzung keine anderen Regelungen trifft.

Der Vorstand ruft also die Mitgliederversammlung ein, leitet diese, prüft die auf der Mitgliederversammlung gefassten Beschlüsse auf ihre Gültigkeit und führt die von der Mitgliederversammlung gefassten Beschlüsse aus. Der Vorstand hat Anspruch auf Entlastung, wenn die Voraussetzungen hierfür gegeben sind.

Der Vorstand eines nicht rechtsfähigen Vereins haftet dem Verein für jedes schuldhafte Verhalten, sofern die Satzung keine anderen Bestimmungen enthält.

3.2.2 Die Mitgliederversammlung

Weil ein nicht rechtsfähiger Verein einen körperschaftlichen Charakter haben muss, um als Verein und nicht als Gesellschaft bürgerlichen Rechts zu gelten, muss er eine Mitgliederversammlung haben. Ausnahme: Die Satzung lässt schriftliche Abstimmung über Beschlüsse zu und alle Mitglieder nehmen daran teil (Einstimmigkeitserfordernis, § 32 BGB entsprechend).

Die Mitgliederversammlung ist – falls die Satzung keine anderen Aufgaben zuweist – zuständig für Beratung und Beschlussfassung über

Zuständigkeiten

- Satzungsänderungen,
- Zweckänderungen,
- Auflösung des Vereins,
- Bestellung und Abberufung des Vorstandes und anderer Organmitglieder,
- Entlastung des Vorstandes,
- Aufnahme und Ausschluss von Mitgliedern,
- Ausübung der Ordnungsgewalt über Mitglieder und Organmitglieder,
- Erteilung von Weisungen gegenüber Vorstand und anderen Organmitgliedern.

Entsprechend § 36 BGB ist die Mitgliederversammlung vom zuständigen Organ (dies ist im Zweifel der Vorstand) einzuberufen, wenn die Satzung dies bestimmt, das Wohl des Vereins es erfordert oder ein Zehntel der Mitglieder die Einberufung verlangt (§ 37 BGB entsprechend).

Minderheitenschutz

Für den Sitzungsverlauf und die Beschlussfassung der Mitgliederversammlung gelten die Vorschriften für den rechtsfähigen Verein entsprechend.

3.2.3 Weitere Vereinsorgane

Der nicht rechtsfähige Verein kann – wie der rechtsfähige Verein – in der Satzung weitere Vereinsorgane bestimmen und ihnen eigene Aufgaben und Kompetenzen zuweisen. Die Ausführungen im Kapitel rechtsfähiger Verein gelten entsprechend.

3.3 Mitgliedschaft

Mitglieder eines nicht rechtsfähigen Vereins können natürliche, aber auch juristische Personen sein.

3.3.1 Erwerb und Verlust der Mitgliedschaft

Beitritt

Der Erwerb der Mitgliedschaft in einem nicht rechtsfähigen Verein vollzieht sich ähnlich wie bei einem rechtsfähigen Verein. Die Mitgliedschaft in einem nicht rechtsfähigen Verein wird durch Beteiligung bei der Gründung des Vereins oder durch späteren Beitritt erworben. Die Entscheidung über die Aufnahme trifft die Mitgliederversammlung, sofern die Satzung die Entscheidungsbefugnis nicht einem anderen Organ zuweist. Die Satzung kann auch Einzelheiten der Aufnahme bzw. des Beitritts regeln, z. B. ein Mindestalter festlegen usw.

Ende

Die Mitgliedschaft endet – wie beim rechtsfähigen Verein – durch
- Austritt (§ 39 BGB entsprechend),
- Ausschluss,
- Tod des Mitglieds,
- Streichung von der Mitgliederliste.

Das ausscheidende Mitglied hat keinen Anspruch auf ein Auseinandersetzungsguthaben, wenn die Satzung keine diesbezüglichen Bestimmungen enthält.

3.3.2 Inhalt der Mitgliedschaft

Mitgliedschaftsrechte und Mitgliedschaftspflichten bestehen zwischen dem Verein und dem einzelnen Mitglied, in der Regel nicht zwischen den einzelnen Vereinsmitgliedern.

Rechte und Pflichten

Die Mitgliedschaft in einem nicht rechtsfähigen Verein beinhaltet dieselben Rechte und Pflichten wie in einem rechtsfähigen Verein. Mit Beitritt zum nicht rechtsfähigen Verein werden also
- Organschaftsrechte,
- Mitverwaltungsrechte,
- Wertrechte,
- Schutzrechte,
- unter Umständen durch Satzungsbestimmungen auch Sonderrechte

Satzung maßgebend

begründet. Die Mitgliedschaftsrechte werden im Einzelnen durch die Satzung näher bestimmt. Ohne Festlegung in der Satzung bestehen aber Mitgliedschaftspflichten, soweit der Vereinszweck zu fördern und ein vereinsschädigendes Verhalten des Mitglieds ausgeschlossen ist.

Der nicht rechtsfähige Verein kann Ordnungsgewalt über seine Mitglieder ausüben, sofern und soweit die Sanktionen in der Satzung eine Grundlage haben. Die Anforderungen sind genauso wie beim rechtsfähigen Verein.

3.4 Vermögen und Haftung des Vereins

Der nicht rechtsfähige Verein muss kein Vermögen haben, um bestehen zu können. Er kann auch als vermögensloser Verein existieren. In der Regel wird aber schon durch die Erhebung von Mitgliedsbeiträgen Vereinsvermögen gebildet.

Träger des Vereinsvermögens ist beim nicht rechtsfähigen Verein der Verein selbst. Dies wird daraus abgeleitet, dass bei der Gesellschaft bürgerlichen Rechts anerkannt ist, dass nicht die Gesellschafter, sondern die Gesellschaft selbst Trägerin des Vermögens ist, das die Gesellschafter erworben haben (BGH NJW 2006, 2191 und 3716). Da grundsätzlich beim nicht rechtsfähigen Verein die Vorschriften für die Gesellschaft bürgerlichen Rechts gelten sollen (§ 54 BGB), ist beim nicht rechtsfähigen Verein dieser selbst Träger des Aktiv- und Passivvermögens, nicht die Mitglieder.

Träger von Vereinsvermögen

Ein nicht rechtsfähiger Verein haftet daher unabhängig von seinem Mitgliederbestand mit seinem Vermögen für alle im Namen des Vereins begründeten Verbindlichkeiten, für schuldhaftes Verhalten seiner Vereinsorgane und seiner Verrichtungsgehilfen oder aus Gefährdungshaftung, z. B. als Halter eines vereinseigenen Fahrzeugs.

Haftung des Vereins

Falls die Satzung keine anderen Bestimmungen enthält, verfügt über das Vereinsvermögen der Vorstand – zumindest soweit es die laufenden Geschäfte betrifft. Für Angelegenheiten außerhalb der laufenden Verwaltung und Geschäfte kann zur Vermögensverfügung ein Beschluss der Mitgliederversammlung nötig sein. Wie beim rechtsfähigen Verein regelt auch im nicht rechtsfähigen Verein die Satzung das Nähere.

Für Verbindlichkeiten des Vereins haftet das Vereinsvermögen – hat der BGH entschieden: *„Bezeichnet sich eine Personenvereinigung in der Satzung als Verein und tritt sie als solcher im Rechtsverkehr auf, dann kommt eine persönliche Haftung der Mitglieder grundsätzlich nicht in Betracht, weil bei einem Verein die Vertretungsmacht seiner Organe typischerweise auf eine Verpflichtung des Vereinsvermögens beschränkt ist und das im Rechtsverkehr auch so verstanden wird."* (BGH NJW 1979, 2304, 2306).

Vereinsvermögen haftet für Verbindlichkeiten.

Diese Rechtsprechung resultiert daraus, dass dem nicht rechtfähigen Verein zuerkannt wird, selbst Träger von Rechten und Pflichten zu sein. Daraus wird abgeleitet, dass der nicht rechtsfähige Verein Schuldner von Vereinsverbindlichkeiten sein kann und daher der Verein hierfür mit seinem Vermögen haftet.

Haftung für Vorstand und Gehilfen

Aus Rechtsgeschäften wird der Verein durch das Handeln des Vorstandes, eines besonderen Vertreters oder eines Bevollmächtigten verpflichtet, sofern und soweit diese Personen im Namen des Vereins gehandelt haben. Der Verein haftet dann mit seinem Vermögen für die Erfüllung der vertraglichen Verpflichtungen und bei Nichterfüllung auf Schadenersatz. Der nicht rechtsfähige Verein haftet im Ergebnis genauso wie der rechtsfähige Verein für seine Repräsentanten, Erfüllungsgehilfen und Verrichtungsgehilfen.

Die Mitglieder eines nicht rechtsfähigen Vereins haften grundsätzlich nicht mit ihrem Vermögen für Verbindlichkeiten des Vereins. Nur wenn ein besonderer Verpflichtungsgrund vorliegt – z. B. weil ein Mitglied selbst gehandelt hat – kann unter Umständen ein Mitglied persönlich haften müssen.

Neben dem Verein und seinem Vereinsvermögen haftet nach § 54 Satz 2 BGB noch der im Namen des Vereins Handelnde persönlich.

> **§ 54 Satz 2 BGB**
> Aus einem Rechtsgeschäft, das im Namen eines solchen Vereins einem Dritten gegenüber vorgenommen wird, haftet der Handelnde persönlich; handeln mehrere, so haften sie als Gesamtschuldner.

Handelnde Person haftet zusätzlich

Sinn dieser Vorschrift ist, dem Dritten als Geschäftspartner des nicht rechtsfähigen Vereins neben dem Verein noch einen weiteren Schuldner zur Verfügung zu stellen, zum einen weil die Vertretungsverhältnisse beim nicht rechtsfähigen Verein nicht aus einem öffentlichen Register entnommen werden können, zum anderen weil die Aufbringung und Erhaltung des Vereinsvermögens gesetzlich nicht gesichert ist. Der Handelnde haftet neben dem Verein aus allen privatrechtlichen Rechtsgeschäften persönlich mit seinem Vermögen. Er haftet nicht für öffentlich-rechtlich begründete Verbindlichkeiten des Vereins, z. B. für Steuerschulden oder sonstige Abgaben.

Beispiel
Der Verein Herbstwind ist ein nicht rechtsfähiger Verein. Sein Vermögen erwirbt er durch die Erhebung eines jährlichen Mitgliedsbeitrags. Vorstand Neher schließt im Namen des Vereins einen Kaufvertrag über eine Getränketheke im Wert von 5000 €. Bei Lieferung der Theke verfügt der Verein über ein Barvermögen von 3500 €, die er als Anzahlung an den Lieferanten zahlt. Für die

fehlenden 1500 € haftet Vorstand Neher persönlich und kann von dem Lieferanten der Theke auf Zahlung in Anspruch genommen werden.

Ob und in welchem Umfang der Verein verpflichtet ist, den für ihn Handelnden im Innenverhältnis von der Haftung freizustellen, ergibt sich aus der Satzung oder einer individuellen Vereinbarung zwischen Vorstandsmitglied und Verein. Fehlt eine entsprechende Regelung oder Vereinbarung kann der satzungsgemäß Handelnde Ersatz seiner Aufwendungen nach § 670 BGB vom Verein verlangen – allerdings nur dann, wenn das Geschäft dem wirklichen und mutmaßlichen Willen des Vereins entsprochen hat.

Haftungsfreistellung

3.5 Ende des Vereins

Ein nicht rechtsfähiger Verein kann aus denselben Gründen wie ein rechtsfähiger Verein aufgelöst und beendet werden. Lediglich die Entziehung der Rechtsfähigkeit scheidet als Beendigungsgrund aus. Ein nicht rechtsfähiger Verein kann aus folgenden Gründen aufgelöst werden:
- Eintritt eines durch die Satzung vorgesehenen Beendigungsgrundes,
- Beschluss der Mitgliederversammlung über die Auflösung,
- Erreichung des Vereinszweckes,
- Eröffnung eines Insolvenzverfahrens,
- Verschmelzung mit einem anderen Verein.

Beendigungsgründe

Außerdem kann ein nicht rechtsfähiger Verein aufgelöst werden durch eine behördliche Anordnung des Verbotes und der Auflösung des Vereins.

Wie bei einem rechtsfähigen Verein kann auch die Satzung eines nicht rechtsfähigen Vereins vorsehen, dass bei Auflösung des Vereins das vorhandene Vermögen einem Anfallberechtigten auszukehren ist. Fehlt es an einer entsprechenden Bestimmung, fällt das Vereinsvermögen an den Fiskus.

Fällt das Vermögen nicht an den Fiskus, dann folgt der Auflösung des Vereins die Liquidation mit entsprechender Anwendung der für den rechtsfähigen Verein geltenden Vorschriften – es sei denn, die Satzung bestimmt, dass die Vermögensauseinandersetzung nach den für die Gesellschaft bürgerlichen Rechts geltenden Vorschriften erfolgen soll. Fehlt es an jeglichem Vereinsvermögen, findet keine Liquidation statt.

Folgen für das Vereinsvermögen

3.6 Zusammenfassung

- Ein nicht rechtsfähiger Verein liegt vor, wenn es sich um einen freiwilligen Zusammenschluss mehrerer Personen auf unbestimmte Zeit oder zumindest für eine gewisse Zeit handelt, mit dem Ziel, einen gemeinsamen nicht wirtschaftlichen oder wirtschaftlichen Zweck oder beide Zwecke zu verfolgen, wobei die Personenvereinigung eine körperliche Verfassung und einen Gesamtnamen haben sowie in ihrer Existenz vom Wechsel ihrer Mitglieder unabhängig sein muss.
- Nach § 54 BGB gelten für einen nicht rechtsfähigen Verein die Vorschriften für die Gesellschaften des bürgerlichen Rechts. Die Rechtsprechung hat jedoch daneben die Vorschriften für rechtfähige Vereine für anwendbar erklärt, soweit diese nicht ausdrücklich das Vorliegen der Rechtsfähigkeit voraussetzen. Nicht rechtsfähige Vereine werden daher weitgehend behandelt wie rechtsfähige Vereine.
- Ein nicht rechtsfähiger Verein hat einen Vorstand und eine Mitgliederversammlung. Durch Satzung können weitere Vereinsorgane bestellt werden. Aufgaben und Befugnisse der Vereinsorgane sind weitgehend identisch mit denen eines rechtsfähigen Vereins – sofern die Satzung nichts anderes bestimmt.
- Ein nicht rechtsfähiger Verein ist teilrechtsfähig und kann selbst Träger von Rechten und Pflichten sein.
- Neben dem Vereinsvermögen haftet nach § 54 Satz 2 BGB der für den Verein Handelnde mit seinem Privatvermögen für Rechtsgeschäfte, die er für den Verein eingeht.

3.7 Wiederholungsfragen

1. Was ist ein nicht rechtsfähiger Verein? Lösung ▶ Abschn. 3.1
2. Welche gesetzlichen Vorschriften gelten für den nicht rechtsfähigen Verein? Lösung ▶ Abschn. 3.1.1
3. In welchen Bereichen wird ein nicht rechtsfähiger Verein als rechtsfähig angesehen? Lösung ▶ Abschn. 3.1.1
4. Welche Organe hat ein nicht rechtsfähiger Verein? Lösung ▶ Abschn. 3.2
5. Wie wird die Mitgliedschaft erworben? Lösung ▶ Abschn. 3.3.1

3.7 · Wiederholungsfragen

6. Wie haftet ein nicht rechtfähiger Verein? Lösung ▶ Abschn. 3.4
7. Wie wird ein nicht rechtsfähiger Verein beendet? Lösung ▶ Abschn. 3.5

Gemeinnützige Vereine

4.1 **Voraussetzungen** – 118
4.1.1 Satzungsinhalt – 118
4.1.2 Dauerhaftigkeit – 119
4.1.3 Unmittelbarkeit – 119
4.1.4 Ausschließlichkeit – 120

4.2 **Gemeinnützige Zwecke im Sinne von § 52 AO** – 121
4.2.1 Wissenschaft und Forschung – 123
4.2.2 Bildung und Erziehung – 123
4.2.3 Kunst und Kultur – 124
4.2.4 Religion – 124
4.2.5 Völkerverständigung – 125
4.2.6 Entwicklungshilfe – 125
4.2.7 Umwelt-, Landschafts- und Denkmalschutz – 125
4.2.8 Heimatgedanke – 126
4.2.9 Jugend und Altenhilfe – 126
4.2.10 Öffentliches Gesundheitswesen – 126
4.2.11 Wohlfahrtswesen – 127
4.2.12 Sport – 127
4.2.13 Demokratisches Staatswesen – 127

4.3 **Mildtätige Zwecke** – 128

4.4 **Kirchliche Zwecke** – 129

4.5 **Steuervergünstigungen** – 129

4.6 **Zusammenfassung** – 130

4.7 **Wiederholungsfragen** – 130

© Springer-Verlag GmbH Deutschland 2017
R. J. Bährle, *Vereinsrecht – Schnell erfasst,* Recht – Schnell erfasst,
DOI 10.1007/978-3-662-53757-2_4

Abb. 4.1 Gemeinnütziger Verein. (Rainald Fenke)

4.1 Voraussetzungen

Definition

Ein Verein dient gemeinnützigen Zwecken, wenn seine Tätigkeit nach Satzung und tatsächlicher Geschäftführung ausschließlich und unmittelbar darauf gerichtet ist, die Allgemeinheit auf materiellem, geistigem oder sittlichem Gebiet selbstlos zu fördern (§§ 51–58 AO).

Steuererleichterungen

Gemeinnützige Vereine können Steuererleichterungen in Anspruch nehmen. Die Steuererleichterungen werden rechtsfähigen Vereinen genauso gewährt wie nicht rechtsfähigen Vereinen, wenn die gesetzlichen Voraussetzungen erfüllt sind (◘ Abb. 4.1).

4.1.1 Satzungsinhalt

Gemeinnützigkeit muss aus der Satzung hervorgehen

Steuervergünstigungen werden Vereinen nur dann gewährt, wenn sich die Voraussetzungen für die Gemeinnützigkeit formell aus der Satzung ergeben und die tatsächliche Vereinsführung den Satzungsbestimmungen entspricht. Damit ein Verein als gemeinnützig anerkannt werden kann, muss sich aus der Satzung insbesondere ergeben

- welchen Zweck der Verein verfolgt.
- dass dieser Zweck den Anforderungen der §§ 52–55 AO entspricht.
- dass dieser Zweck ausschließlich und unmittelbar verfolgt wird (§§ 56, 57 AO).
- dass die Satzungszwecke und die Art ihrer Verwirklichung so genau bestimmt sind, dass auf Grund der Satzung geprüft werden kann, ob die satzungsgemäßen Voraussetzungen für Steuervergünstigungen gegeben sind (§ 60 Absatz 1 AO).

4.1 · Voraussetzungen

– dass bei Auflösung oder Aufhebung des Vereins oder bei Wegfall des steuerbegünstigten Zweckes gewährleistet ist, das das Vermögen nur für steuerbegünstigte Zwecke verwendet wird (§ 55 Absatz 1 Nr. 4 AO). Daher ist der Zweck, für den das Vermögen im Fall der Auflösung oder Aufhebung verwendet werden soll, in der Satzung so genau zu bestimmen, dass allein anhand der Satzung überprüft werden kann, ob der Verwendungszweck steuerbegünstigt ist (§ 61 AO).

Vermögen für steuerbegünstigten Zweck

Die Finanzverwaltung hat Texte für Mustersatzungen entwickelt. Vereine, die die Anerkennung als gemeinnützig anstreben, sollten ihre Satzungsbestimmungen nah an den Text dieser Mustersatzung anlehnen. Sie sollten außerdem mit dem für sie zuständigen Finanzamt rechtzeitig vor Beschluss der Satzung Kontakt aufnehmen und abstimmen, ob die geplante Satzung zur Anerkennung der Gemeinnützigkeit ausreicht.

4.1.2 Dauerhaftigkeit

Die Steuervergünstigungen für gemeinnützige Vereine werden nur gewährt, wenn die Voraussetzungen für die Gemeinnützigkeit während des gesamten Veranlagungszeitraums vorliegen. Bei Neugründung eines Vereins müssen die Voraussetzungen bei Gründung des Vereins und dann immer wieder bei Beginn des nächsten Veranlagungszeitraums – das ist der Beginn des Kalenderjahres – vorliegen.

Veranlagungszeitraum

4.1.3 Unmittelbarkeit

> **§ 57 AO – Unmittelbarkeit**
> (1) Eine Körperschaft verfolgt unmittelbar ihre steuerbegünstigten satzungsmäßigen Zwecke, wenn sie selbst diese Zwecke verwirklicht. Das kann auch durch Hilfspersonen geschehen, wenn nach den Umständen des Falls, insbesondere nach den rechtlichen und tatsächlichen Beziehungen, die zwischen der Körperschaft und der Hilfsperson bestehen, das Wirken der Hilfsperson wie eigenes Wirken der Körperschaft anzusehen ist.
> (2) Eine Körperschaft, in der steuerbegünstigte Körperschaften zusammengefasst sind, wird einer Körperschaft, die unmittelbar steuerbegünstigte Zwecke verfolgt, gleichgestellt.

Verein selbst muss gemeinnützig handeln. — Die Steuerbegünstigung für als gemeinnützig anerkannte Vereine setzt voraus, dass die Förderung oder Unterstützung gemeinnütziger, mildtätiger oder kirchlicher Zwecke selbstlos und unmittelbar erfolgt. Dieser so genannte Grundsatz der Unmittelbarkeit ist erfüllt, wenn der Verein selbst oder durch Hilfspersonen tätig wird. Steuerbegünstigte Tätigkeiten können daher nur beschränkt ausgelagert werden.

4.1.4 Ausschließlichkeit

> **§ 56 AO – Ausschließlichkeit**
> Ausschließlichkeit liegt vor, wenn eine Körperschaft nur ihre steuerbegünstigten satzungsmäßigen Zwecke verfolgt.

keine anderen Vereinszwecke — Der Verein, der als gemeinnützig anerkannt werden will, darf nur den steuerbegünstigten Zweck verfolgen. Die Verfolgung anderer Vereinszwecke kann den Gemeinnützigkeitsstatus gefährden. Nur wenn der neben dem gemeinnützigen Zweck verfolgte Vereinszweck den Ausnahmevorschriften des § 58 AO entspricht, ist die Gemeinnützigkeit nicht gefährdet.

Die Steuervergünstigung wird nicht dadurch ausgeschlossen, dass

Anforderungen an Mittelbeschaffung
1. der Verein Mittel für die Verwirklichung der steuerbegünstigten Zwecke einer anderen Körperschaft oder für die Verwirklichung steuerbegünstigter Zwecke durch eine Körperschaft des öffentlichen Rechts beschafft; die Beschaffung von Mitteln für eine unbeschränkt steuerpflichtige Körperschaft des privaten Rechts setzt voraus, dass diese selbst steuerbegünstigt ist. Außerdem muss der Verein diesen Zweck der Mittelbeschaffung in seine Satzung aufnehmen;
2. der Verein seine Mittel teilweise einer anderen, ebenfalls steuerbegünstigten Körperschaft des privaten oder öffentlichen Rechts zur Verwendung zu steuerbegünstigten Zwecken zuwendet;
3. der Verein seine Arbeitskräfte anderen Personen, Unternehmen, Einrichtungen oder einer Körperschaft des öffentlichen Rechts für steuerbegünstigte Zwecke zur Verfügung stellt;

Raumüberlassung
4. der Verein die ihm gehörenden Räume einer anderen, ebenfalls steuerbegünstigten Körperschaft oder einer Körperschaft des öffentlichen Rechts zur Nutzung zu steuerbegünstigten Zwecken überlässt;

5. der Verein seine Mittel ganz oder teilweise einer Rücklage zuführt, soweit dies erforderlich ist, um ihre steuerbegünstigten satzungsmäßigen Zwecke nachhaltig erfüllen zu können;
6. eine Körperschaft höchstens ein Drittel des Überschusses der Einnahmen über die Unkosten aus Vermögensverwaltung und darüber hinaus höchstens 10 % ihrer sonstigen nach § 55 Abs. 1 Nr. 5 AO zeitnah zu verwendenden Mittel einer freien Rücklage zuführt;
7. der Verein Mittel zum Erwerb von Gesellschaftsrechten zur Erhaltung der prozentualen Beteiligung an Kapitalgesellschaften ansammelt oder im Jahr des Zuflusses verwendet; diese Beträge sind auf die nach Buchstabe a in demselben Jahr oder künftig zulässigen Rücklagen anzurechnen;
8. der Verein gesellige Zusammenkünfte veranstaltet, die im Vergleich zu ihrer steuerbegünstigten Tätigkeit von untergeordneter Bedeutung sind;
9. ein Sportverein neben dem unbezahlten auch den bezahlten Sport fördert.

Rücklagen

Geselligkeiten

4.2 Gemeinnützige Zwecke im Sinne von § 52 AO

In § 52 AO sind die wichtigsten Förderzwecke beispielhaft aufgeführt. Diese Aufzählung soll der Finanzverwaltung die Beurteilung erlauben, ob der von einem Verein verfolgte Zweck als gemeinnützig anerkannt werden kann. Zu den Vorschriften der Abgabenordnung gibt es einen Anwendungserlass (AEAO). Dieser ist eine Verwaltungsanweisung, die eine einheitliche Anwendung der Vorschriften der Abgabenordnung und damit der steuerlichen Regelungen zur Gemeinnützigkeit durch die Finanzämter sicherstellen soll. An die Anweisungen des Anwendungserlasses sind die Finanzämter gebunden. Der Anwendungserlass enthält auch Hinweise auf die Rechtsprechung des Bundesfinanzhofes zur Gemeinnützigkeit.

bindender Anwendungserlass

> **§ 52 AO – Gemeinnützige Zwecke**
> (1) Eine Körperschaft verfolgt gemeinnützige Zwecke, wenn ihre Tätigkeit darauf gerichtet ist, die Allgemeinheit auf materiellem, geistigem oder sittlichem Gebiet selbstlos zu fördern. Eine Förderung der Allgemeinheit ist nicht gegeben, wenn der Kreis der Personen, dem die Förderung zugute kommt, fest abgeschlossen ist, zum Beispiel Zugehörigkeit zu einer Familie oder zur Belegschaft eines Unternehmens, oder infolge seiner Abgrenzung, insbeson-

dere nach räumlichen oder beruflichen Merkmalen, dauernd nur klein sein kann. Eine Förderung der Allgemeinheit liegt nicht allein deswegen vor, weil eine Körperschaft ihre Mittel einer Körperschaft des öffentlichen Rechts zuführt.
(2) Unter den Voraussetzungen des Absatzes 1 sind als Förderung der Allgemeinheit anzuerkennen
1. die Förderung von Wissenschaft und Forschung;
2. die Förderung der Religion;
3. die Förderung des öffentlichen Gesundheitswesens und der öffentlichen Gesundheitspflege, insbesondere die Verhütung und Bekämpfung von übertragbaren Krankheiten, auch durch Krankenhäuser im Sinne des § 67, und von Tierseuchen;
4. die Förderung der Jugend- und Altenhilfe;
5. die Förderung von Kunst und Kultur;
6. die Förderung des Denkmalschutzes und der Denkmalpflege;
7. die Förderung der Erziehung, Volks- und Berufsbildung einschließlich der Studentenhilfe;
8. die Förderung des Naturschutzes und der Landschaftspflege im Sinne des Bundesnaturschutzgesetzes und der Naturschutzgesetze der Länder, des Umweltschutzes, des Küstenschutzes und des Hochwasserschutzes;
9. die Förderung des Wohlfahrtswesens, insbesondere der Zwecke der amtlich anerkannten Verbände der freien Wohlfahrtspflege (§ 23 der Umsatzsteuer-Durchführungsverordnung), ihrer Unterverbände und ihrer angeschlossenen Einrichtungen und Anstalten;
10. die Förderung der Hilfe für politisch, rassisch oder religiös Verfolgte, für Flüchtlinge, Vertriebene, Aussiedler, Spätaussiedler, Kriegsopfer, Kriegshinterbliebene, Kriegsbeschädigte und Kriegsgefangene, Zivilbeschädigte und Behinderte sowie Hilfe für Opfer von Straftaten; Förderung des Andenkens an Verfolgte, Kriegs- und Katastrophenopfer; Förderung des Suchdienstes für Vermisste;
11. die Förderung der Rettung aus Lebensgefahr;
12. die Förderung des Feuer-, Arbeits-, Katastrophen- und Zivilschutzes sowie der Unfallverhütung;
13. die Förderung internationaler Gesinnung, der Toleranz auf allen Gebieten der Kultur und des Völkerverständigungsgedankens;
14. die Förderung des Tierschutzes;
15. die Förderung der Entwicklungszusammenarbeit;
16. die Förderung von Verbraucherberatung und Verbraucherschutz;

4.2 · Gemeinnützige Zwecke im Sinne von § 52 AO

17. die Förderung der Fürsorge für Strafgefangene und ehemalige Strafgefangene;
18. die Förderung der Gleichberechtigung von Frauen und Männern;
19. die Förderung des Schutzes von Ehe und Familie;
20. die Förderung der Kriminalprävention;
21. die Förderung des Sports (Schach gilt als Sport);
22. die Förderung der Heimatpflege und Heimatkunde;
23. die Förderung der Tierzucht, der Pflanzenzucht, der Kleingärtnerei, des traditionellen Brauchtums einschließlich des Karnevals, der Fastnacht und des Faschings, der Soldaten- und Reservistenbetreuung, des Amateurfunkens, des Modellflugs und des Hundesports;
24. die allgemeine Förderung des demokratischen Staatswesens im Geltungsbereich dieses Gesetzes; hierzu gehören nicht Bestrebungen, die nur bestimmte Einzelinteressen staatsbürgerlicher Art verfolgen oder die auf den kommunalpolitischen Bereich beschränkt sind;
25. die Förderung des bürgerschaftlichen Engagements zugunsten gemeinnütziger, mildtätiger und kirchlicher Zwecke.

Sofern der von der Körperschaft verfolgte Zweck nicht unter Satz 1 fällt, aber die Allgemeinheit auf materiellem, geistigem oder sittlichem Gebiet entsprechend selbstlos gefördert wird, kann dieser Zweck für gemeinnützig erklärt werden. Die obersten Finanzbehörden der Länder haben jeweils eine Finanzbehörde im Sinne des Finanzverwaltungsgesetzes zu bestimmen, die für Entscheidungen nach Satz 2 zuständig ist.

sonstige Zwecke

4.2.1 Wissenschaft und Forschung

Unter Wissenschaft und Forschung versteht man allgemein die Forschung und Lehre auf den Gebieten der Geistes- und Naturwissenschaften. Der Begriff der Wissenschaft und Forschung wird von der Finanzverwaltung eng ausgelegt.

Geistes- und Naturwissenschaften

4.2.2 Bildung und Erziehung

Unter Bildung versteht man die Vermehrung der Kenntnisse und Fähigkeiten des Einzelnen auf den Gebieten der Allgemeinbildung, der Berufsausbildung oder Fortbildung, aber auch ein Studium sowie die Aus- und Fortbildung in ver-

Definition: Bildung

schiedenen Einrichtungen der freien oder an religiöse, soziale, politische oder weltanschauliche Richtungen gebundenen Erwachsenenbildung. Der Bildungsinhalt muss geeignet sein, die Allgemeinheit zu fördern.

Definition: Erziehung

Erziehung ist die planmäßige Tätigkeit zur körperlichen, geistigen und charakterlichen Formung junger Menschen zu tüchtigen, mündigen Menschen. Zur Erziehung gehören Wissensvermittlung, Willens- und Charakterbildung sowie das gesamte Schulwesen. Auch sinnvolle Freizeitgestaltung kann unter den Begriff der Erziehung fallen.

4.2.3 Kunst und Kultur

Zum Oberbegriff kulturelle Zwecke gehören die ausschließliche und unmittelbare Förderung der Kunst, die Förderung der Pflege und Erhaltung von Kulturwerken sowie die Förderung der Denkmalpflege. Kunst ist die freie schöpferische Gestaltung, in der Eindrücke, Erfahrungen, Erlebnisse des Künstlers durch das von ihm gewählte Medium einer bestimmten Formensprache zur unmittelbaren Anschauung gebracht werden. Zu den kulturellen Zwecken gehören:

Beispiele

- Musik, Literatur, darstellende und bildende Kunst,
- Förderung von kulturellen Einrichtungen (Theatern, Museen usw.) sowie Veranstaltungen (Konzerte, Kunstausstellungen usw.),
- Förderung der Pflege und Erhaltung von Kulturwerten (z. B. Kunstsammlungen, Bibliotheken usw.),
- Denkmalpflege,
- Filmkunst, Bildhauerei, Malerei – unabhängig von Stilrichtung oder Niveau.

Heranführen oder Ausüben

Der kulturelle Zweck kann erreicht werden durch Heranführen an den Zweck – z. B. in Form eines Fördervereins – oder durch Ausübung der Kunst – z. B. der Musik durch einen Chor. Besteht der Vereinszweck aber schwerpunktmäßig in der Unterhaltung oder Freizeitgestaltung, dann wird der Förderzweck nicht erfüllt und die Anerkennung als gemeinnütziger Verein wird verweigert.

4.2.4 Religion

Definition: Religion im Sinne der Gemeinnützigkeit

Der Begriff der Religion umfasst alles, was sich auf das Verhältnis des Menschen zur Idee der Gottheit bezieht. Er umfasst daher auch weltanschauliche Fragen nach der Deutung der Welt, dem Lebenssinn, der Lebenswerte oder Normen für sittliches Handeln. Es erfolgt keine Einschränkung auf christliche Religionen.

Die Förderung religiöser Zwecke kann z. B. durch Missionierung, Abhalten von Einkehrtagen, Herausgabe und Verbreitung religiöser Schriften, Durchführung von Gottesdiensten u. ä. bestehen.

4.2.5 Völkerverständigung

Mit Völkerverständigung sollen freundschaftliche Beziehungen zwischen den Völkern entwickelt und gestärkt und damit Frieden gesichert werden. Den Förderzweck erfüllen alle Vereine und Gesellschaften, deren Zweck es ist, die menschlichen und kulturellen Beziehungen zu anderen Völkern zu vertiefen. Es ist steuerunschädlich, wenn dieser Zweck von einem inländischen Verein im Ausland erfüllt wird.

auch Tätigkeit im Ausland

4.2.6 Entwicklungshilfe

Entwicklungshilfe umfasst alle Maßnahmen, die dazu dienen, die Entwicklungslänger wirtschaftlich zu fördern und sie hierdurch dem Stand der Industriestaaten näher zu bringen und/oder sie in deren wirtschaftliche Ordnung einzugliedern. Zur Entwicklungshilfe gehören auch der Schutz der Umwelt, die Verbesserung der Energieversorgung, die Förderung des Bildungswesens oder bevölkerungspolitische Maßnahmen im Entwicklungsland.

Welche Länder steuerlich als Entwicklungsländer gelten, ergibt sich aus dem Entwicklungsländer-Steuergesetz. Definiert sind Entwicklungsländer als Staaten, die gegenüber den Industrieländern einen Entwicklungsrückstand aufweisen, wobei das Wohlstandsniveau und Funktionsfähigkeit des Wirtschaftssystems entscheidend sein sollen.

Definition: Entwicklungsland

4.2.7 Umwelt-, Landschafts- und Denkmalschutz

Umweltschutz sind alle Maßnahmen zur Schaffung, Erhaltung und Verbesserung lebensgerechter Umweltbedingungen für Menschen, Tier und Pflanzen. Landschaftsschutz dient der Wahrung der ursprünglichen Landschaftsbildung, z. B. durch Erhaltung der ökologischen Vielfalt durch Erhalt naturnaher Flächen. Landschaftsschutz ist Teil des Naturschutzes.

Denkmalschutz ist der Schutz von Boden-, Bau- und Kulturdenkmälern, der durch Landes- oder Bundesgesetze

Mensch, Tiere, Pflanzen, Landschaft

besonders gesichert ist. Zum Denkmalschutz gehört auch die Denkmalpflege in Form der Erhaltung von Kulturdenkmälern.

4.2.8 Heimatgedanke

Bestrebungen, die Heimat in ihrer natürlichen oder geschichtlichen Eigenart zu erhalten, dienen der Pflege des Heimatgedankens. Der Heimatgedanke umfasst auch die Mitwirkung an der Neugestaltung der Heimat, das Wachhalten der Erinnerung an die Heimat bei Personen, die aus ihrer Heimat vertrieben wurden. Zum Heimatgedanken gehört auch die Pflege der Mundart, des Brauchtums und der Volkskunst, die Erhaltung von Kulturdenkmälern, die Einrichtung und Unterhaltung von Heimatmuseen, Herausgabe von Heimatzeitschriften oder Chroniken, Veranstaltung von Heimatfesten oder historischen Aufführungen.

4.2.9 Jugend und Altenhilfe

Jugendhilfe bis zum 27. Lebensjahr

Jugendhilfe umfasst alle Fürsorgemaßnahmen zugunsten von Jugendlichen, auch Erziehungsarbeit, die von Schule und Elternhaus nicht erfüllt werden, sowie Bildung und Erziehung für Jugendliche bis zum 27. Lebensjahr. Die konfessionelle, weltanschauliche oder politische Ausrichtung ist unbeachtlich, solange die Jugendhilfe im Vordergrund steht. Zur Jugendhilfe gehören z. B. Bewahrung der Jugend vor Drogen und anderen Suchtmitteln, soziale und kulturelle Betreuung von Studenten und Praktikanten, Förderung von Jugendaustausch, Durchführung von Jugendreisen.

Altenhilfe für Frauen ab 60, Männer ab 65

Altenhilfe umfasst Tätigkeiten, die dazu beitragen, die durch das Altern entstehenden Schwierigkeiten zu verhüten, zu überwinden oder zu mildern und älteren Menschen die Möglichkeit zu erhalten, am Gemeinschaftsleben teilzunehmen. Förderungsfähig sind Maßnahmen für Frauen ab 60 Jahren, für Männer ab 65 Jahren.

4.2.10 Öffentliches Gesundheitswesen

z. B. Selbsthilfegruppen

Dieses umfasst die Gesundheits- und Krankenpflege, Seuchenbekämpfung, Rettung aus Lebensgefahr, Arbeitsschutz, Unfallverhütung, Umweltschutz usw. Als gemeinnützige, der Förderung des Gesundheitswesens dienenden Einrichtungen gelten z. B. Krankenhäuser, Tierkliniken, Blindenanstalten, Selbsthilfegruppen.

4.2 · Gemeinnützige Zwecke im Sinne von § 52 AO

4.2.11 Wohlfahrtswesen

> **§ 66 Abs. 2 AO – Wohlfahrtspflege**
> Wohlfahrtspflege ist die planmäßige, zum Wohle der Allgemeinheit und nicht des Erwerbs wegen ausgeübte Sorge für notleidende oder gefährdete Mitmenschen. Die Sorge kann sich auf das gesundheitliche, sittliche, erzieherische oder wirtschaftliche Wohl erstrecken und Vorbeugung oder Abhilfe bezwecken.

Die Wohlfahrtspflege (◘ Abb. 4.1) kann sich erstrecken auf das gesundheitliche, sittliche, erzieherische oder wirtschaftliche Wohl eines Menschen und sowohl der Vorsorge als auch der Abhilfe dienen. Nicht gemeinnützig ist eine Einrichtung, die in erster Linie eigenwirtschaftliche Zwecke verfolgt. Daher hat die Einrichtung der Wohlfahrtspflege einen Nachweis zu erbringen, dass sie ausschließlich oder zu zwei Dritteln Personen dient, die auf körperliche, geistige und seelische Hilfe angewiesen sind (§§ 66 Abs. 3, 63 Abs. 3 AO).

Vorsorge und Abhilfe

4.2.12 Sport

Sport ist jede Art von Betätigung oder Leistung ohne realen Arbeitszweck, soweit sie als Spiel oder Wettkampf ohne Gewinnstreben betrieben wird. Die körperliche Ertüchtigung ist wesentliches Element, aber nicht mehr ausdrückliche Voraussetzungen für die Anerkennung als gemeinnützige Tätigkeit. Daher können z. B. auch Schachvereine die Gemeinnützigkeit erlangen.

Betätigung ohne Arbeitszweck

Der Sport muss ernsthaft betrieben werden. Außerdem muss die Tätigkeit des Sportvereins der Allgemeinheit und nicht nur einem begrenzten Personenkreis zugutekommen. Aufnahmegebühren und Mitgliedsbeiträge dürfen erhoben werden. Nur wenn sie extrem hoch sind und damit der Kreis der Mitglieder klein gehalten werden soll, gefährden Mitgliedsbeiträge die Zuerkennung der Gemeinnützigkeit.

Ernsthaftigkeit

4.2.13 Demokratisches Staatswesen

Förderung des demokratischen Staatswesens ist die Förderung des demokratischen Prinzips des Grundgesetzes, insbesondere die Förderung des Mehrparteiensystems, des parlamentarischen Regierungssystems, das Eintreten für Grundrechte, Pressefreiheit, freie Meinungsäußerung usw.

Grundrechte und Grundgesetz

4.3 Mildtätige Zwecke

> **§ 53 AO – Mildtätige Zwecke**
> Eine Körperschaft verfolgt mildtätige Zwecke, wenn ihre Tätigkeit darauf gerichtet ist, Personen selbstlos zu unterstützen,
> 1. die infolge ihres körperlichen, geistigen oder seelischen Zustandes auf die Hilfe anderer angewiesen sind oder
> 2. deren Bezüge nicht höher sind als das Vierfache des Regelsatzes der Sozialhilfe im Sinne des § 28 des Zwölften Buches Sozialgesetzbuch [bis 31.12.2004: § 22 des Bundessozialhilfegesetzes]; beim Alleinstehenden oder Haushaltsvorstand tritt an die Stelle des Vierfachen das Fünffache des Regelsatzes. Dies gilt nicht für Personen, deren Vermögen zur nachhaltigen Verbesserung ihres Unterhalts ausreicht und denen zugemutet werden kann, es dafür zu verwenden. Bei Personen, deren wirtschaftliche Lage aus besonderen Gründen zu einer Notlage geworden ist, dürfen die Bezüge oder das Vermögen die genannten Grenzen übersteigen. Bezüge im Sinne dieser Vorschrift sind
>   a) Einkünfte im Sinne des § 2 Abs. 1 des Einkommensteuergesetzes und
>   b) andere zur Bestreitung des Unterhalts bestimmte oder geeignete Bezüge, die der Alleinstehende oder der Haushaltsvorstand und die sonstigen Haushaltsangehörigen haben. Zu den Bezügen zählen nicht Leistungen der Sozialhilfe, Leistungen zur Sicherung des Lebensmittelunterhalts nach dem Zweiten Buch Sozialgesetzbuch und bis zur Höhe der Leistungen der Sozialhilfe Unterhaltsleistungen an Personen, die ohne die Unterhaltsleistungen sozialhilfeberechtigt wären, oder Anspruch auf Leistungen zur Sicherung des Lebensunterhalts nach dem Zweiten Buch Sozialgesetzbuch hätten. Unterhaltsansprüche sind zu berücksichtigen.

abgegrenzter Personenkreis

Im Gegensatz zu den gemeinnützigen Zwecken ist bei der Verfolgung mildtätiger Zwecke nicht erforderlich, dass die Allgemeinheit durch die Maßnahmen gefördert wird. Der geförderte Personenkreis kann abgegrenzt oder sehr klein sein. Die Abgrenzung zwischen gemeinnützigen und mildtätigen Zwecken ist in der Praxis häufig schwierig, weil gemeinnützige Vereine oft auch mildtätige Zwecke verfolgen. Die Zuordnung hat jedoch steuerliche Auswirkung. So sind Spenden für mildtätige Zwecke z. B. bis zu 10 % des Gesamtbetrags der Einkünfte abzugsfähig, Spenden für gemeinnützige Vereine nur bis 5 %.

4.4 Kirchliche Zwecke

> **§ 54 AO – Kirchliche Zwecke**
> (1) Eine Körperschaft verfolgt kirchliche Zwecke, wenn ihre Tätigkeit darauf gerichtet ist, eine Religionsgemeinschaft, die Körperschaft des öffentlichen Rechts ist, selbstlos zu fördern.
> (2) Zu diesen Zwecken gehören insbesondere die Errichtung, Ausschmückung und Unterhaltung von Gotteshäusern und kirchlichen Gemeindehäusern, die Abhaltung von Gottesdiensten, die Ausbildung von Geistlichen, die Erteilung von Religionsunterricht, die Beerdigung und die Pflege des Andenkens der Toten, ferner die Verwaltung des Kirchenvermögens, die Besoldung der Geistlichen, Kirchenbeamten und Kirchendiener, die Alters- und Behindertenversorgung für diese Personen und die Versorgung ihrer Witwen und Waisen.

Kirchliche Zwecke erfüllen Religionsgemeinschaften. Es muss sich nicht um eine christliche Religionsgemeinschaft handeln, aber um eine Religionsgemeinschaft, deren Glaube sich bei den heutigen Kulturvölkern auf dem Boden gewisser übereinstimmender sittlicher Grundanschauungen im Zuge der geschichtlichen Entwicklung herausgebildet hat, und die sich innerhalb der Werteordnung des Grundgesetzes hält. Gemeinnützig können auch private Religionsgemeinschaften und Sekten sein, soweit eine Förderung der Religion selbst gegeben ist und damit die Allgemeinheit auf materiellem, geistigem oder sittlichem Gebiet selbstlos gefördert wird.

Religionsgemeinschaften

4.5 Steuervergünstigungen

> **§ 51 Abs. 1 AO – Allgemeines**
> Gewährt das Gesetz eine Steuervergünstigung, weil eine Körperschaft ausschließlich und unmittelbar gemeinnützige, mildtätige oder kirchliche Zwecke (steuerbegünstigte Zwecke) verfolgt, so gelten die folgenden Vorschriften.

> Unter Körperschaften sind die Körperschaften, Personenvereinigungen und Vermögensmassen im Sinne des Körperschaftsteuergesetzes zu verstehen. Funktionale Untergliederungen (Abteilungen) von Körperschaften gelten nicht als selbstständige Steuersubjekte.

Steuerermäßigung oder -befreiung

Körperschaften, die ausschließlich und unmittelbar gemeinnützige, mildtätige oder kirchliche Zwecke verfolgen, können Steuervergünstigungen erhalten. Die im Einzelnen dem Verein zustehende Steuervergünstigung selbst in Form von Steuerbefreiung oder Steuerermäßigung ergibt sich dann aus dem besonderen Steuergesetz, z. B. bei Körperschaftssteuer aus dem Körperschaftssteuergesetz, für die Erbschaftssteuer aus dem Erbschaftssteuergesetz usw.

Anerkennung

Damit der Verein in den Genuss der Steuervergünstigung kommt, muss die Finanzverwaltung ihn als gemeinnützig, mildtätig oder kirchlich anerkennen.

4.6 Zusammenfassung

- Ein Verein dient gemeinnützigen Zwecken, wenn seine Tätigkeit nach Satzung und tatsächlicher Geschäftführung ausschließlich und unmittelbar darauf gerichtet ist, die Allgemeinheit auf materiellem, geistigem oder sittlichem Gebiet selbstlos zu fördern (§§ 51–58 AO).
- Ein Verein, der anerkannt ist, dass er gemeinnützigen Zwecken dient, kommt in den Genuss von Steuervergünstigungen.
- Welche Zwecke als gemeinnützig, mildtätig oder kirchlich anerkannt werden, ergibt sich aus der Abgabenordnung.
- Steuervergünstigungen werden nur gewährt, wenn sich die Gemeinnützigkeit formell aus der Vereinssatzung ergibt und die tatsächliche Vereinsführung auch den Satzungsbestimmungen entspricht.

4.7 Wiederholungsfragen

1. Wann dient ein Verein gemeinnützigen Zwecken? Lösung ▶ Abschn. 4.1
2. Welche Anforderungen muss die Satzung des Vereins erfüllen? Lösung ▶ Abschn. 4.1.1

4.7 · Wiederholungsfragen

3. Unter welchen Voraussetzungen werden die Steuervergünstigungen gewährt? Lösung ▶ Abschn. 4.2
4. Welche Zwecke gelten als gemeinnützig? Lösung
   ▶ Abschn. 4.2
5. Welche Zwecke gelten als mildtätig? Lösung
   ▶ Abschn. 4.3
6. Welche Zwecke gelten als kirchliche Zwecke? Lösung
   ▶ Abschn. 4.4

Fallbeispiele

5.1 Tipps für Klausuren und Hausarbeiten – 134
5.1.1 Die Situation in der Klausur – 134
5.1.2 Die Hausarbeit – 137

5.2 Fallbeispiel: Der abgelehnte Vereinseintritt – 138

5.3 Fallbeispiel: „Schadenersatz" des Vorstandes – 140

© Springer-Verlag GmbH Deutschland 2017
R. J. Bährle, *Vereinsrecht – Schnell erfasst*, Recht – Schnell erfasst,
DOI 10.1007/978-3-662-53757-2_5

5.1 Tipps für Klausuren und Hausarbeiten

Bereits in der Einführung dieses Buches wurden die wichtigsten Schritte zur erfolgreichen Fallbearbeitung dargestellt. In einer Klausur oder Hausarbeit kommen aber noch weitere Schwierigkeiten auf Sie zu. Dabei ist vor allem darauf zu achten, dass man die treffenden Antworten ordentlich und schnell zu Papier bringt.

Treffende Antworten: Um eine erfreuliche Note zu erlangen, ist es erforderlich, seinen juristischen Sachverstand in geeigneter Weise umzusetzen. Auch enzyklopädisches Wissen garantiert keinen Erfolg, vielmehr wird die Transferleistung honoriert. Die Bewertung der Leistung liegt beim Korrektor. Infolgedessen sollte man das zu Papier bringen, was der Korrektor vermutlich positiv bewerten wird – nicht mehr und nicht weniger. Positiv bewerten wird er nur das juristische Wissen, das aufgrund des vorgegebenen Falles verlangt ist, nicht aber ungefragtes Lehrbuchwissen.

Ordentliche Form: Der Korrektor wird immer – zumindest unterbewusst – von der äußeren Form beeinflusst: Dem sollte ausreichend Rechnung getragen werden.

Tempo: Zumindest in Klausuren herrscht erheblicher Zeitdruck. Damit ist präzises, aber auch schnelles Arbeiten gefordert. Jeder wird im Laufe der Zeit seine eigenen Methoden entwickeln. Die folgenden Hinweise sind als erste Orientierung gedacht.

5.1.1 Die Situation in der Klausur

Erfassen des Sachverhalts

Der Schlüssel zur guten Klausur ist die wirkliche Durchdringung des Sachverhalts, die nur durch mehrfaches, analytisches Lesen möglich ist. Gehen Sie grundsätzlich davon aus, dass alle Sachverhaltsangaben wichtig sind, auch wenn sie auf den ersten Blick unbedeutend erscheinen.

Schon beim ersten Lesen sollte man sich eine Skizze über die rechtlichen Beziehungen der Personen untereinander anfertigen. Eine graphische Darstellung ist nützlich, sobald mehrere Personen beteiligt sind. Die Namen der Personen kürzt man mit ihrem Anfangsbuchstaben ab. Die rechtlichen Beziehungen werden durch die einschlägigen Paragraphen symbolisiert. Im Sachverhalt angegebene Daten sind in einer Zeittafel aufzulisten.

Bearbeitervermerk

Nun kann zur Lösung des Falles geschritten werden. Dabei ist dem Bearbeitervermerk größte Aufmerksamkeit zu schenken. Beantworten Sie wirklich nur das, was gefragt ist. Sehr häufig gibt der Bearbeitervermerk Hilfestellungen, indem die

5.1 · Tipps für Klausuren und Hausarbeiten

einzelnen Fragen schon eine Grobgliederung vorzeichnen. Deshalb sollte bei der Beantwortung auch nicht von der Reihenfolge der Fragen abgewichen werden, es sei denn, es besteht offensichtlich kein Zusammenhang zwischen den Fragen.

Wird im Bearbeitervermerk nach bestimmten Ansprüchen gefragt, ist grundsätzlich zunächst die Frage zu stellen: „Wer will was von wem woraus?". Anschließend ist die passende Anspruchsgrundlage zu suchen. Im Vereinsrecht sind dies in aller Regel die §§ 21 ff. BGB i. V. m. der Satzung; eventuell ist diese Anspruchsgrundlage auch noch zu ergänzen, z. B. mit Beitrittserklärung, Kündigung.

Es folgt die Subsumtion, auf die bei der Lösung größten Wert gelegt werden muss. Zu prüfen ist dabei, ob alle gesetzlichen Voraussetzungen der zu prüfenden Norm im Sachverhalt gegeben sind. Nur wenn alle Voraussetzungen tatsächlich erfüllt sind, können Sie die Rechtsfolge bejahen.

Das Hin- und Hergeblätter im BGB ist zeitintensiv; schnelles Arbeiten ist daher ein Schlüssel zum Erfolg. Ein gewisser Zeitdruck für die Falllösung ist von den Prüfungsstellern beabsichtigt. Die Zeit ist so bemessen, dass sie gerade reicht, um die gestellten Fragen zu beantworten. Auch aus diesem Grund sind überflüssige Ausführungen zu vermeiden.

Markieren Sie sich die wichtigsten Paragraphen der Textausgabe durch Registeretiketten und versehen Sie die in der konkreten Klausur immer wieder benötigten Stellen mit Klebezetteln.

Kontrolllesen: Bevor Sie sich daran machen, die Niederschrift zu Papier zu bringen, sollten Sie nach allen Vorüberlegungen und mit der Lösungsskizze im Kopf noch einmal den Sachverhalt durchlesen. Denn nach der juristischen Durchdringung des Falles wird so manches klarer oder es zeigt sich, dass vermeintliche Nebensächlichkeiten doch eine tiefere Bedeutung haben. Möglich ist auch, dass Sie Probleme übersehen haben. Das jetzige Durchlesen sollte der Kontrolle dienen, ob Sie jede Sachverhaltsinformation in Ihrer Lösungsskizze untergebracht haben.

Denken Sie daran, dass der Klausurensteller den Sachverhalt so konstruiert und formuliert hat, dass alle Angaben im Sachverhalt in der Falllösung von Bedeutung sind („Echoprinzip").

Hat man den Fall gedanklich gelöst, kann die Gliederung erstellt werden, die das Fundament einer guten Arbeit ist. Alles, was später aufs Papier gebracht wird, kann nur so gut sein, wie die Gliederung es vorgibt. Die Gliederung ist zwingende Voraussetzung für ein strukturiertes Vorgehen, das in Jura unerlässlich ist.

In der Regel ergibt sich der grobe Aufbau der Gliederung aus den im Bearbeitervermerk gestellten Fragen. Aus den zu

Lösungsskizze

Gliederung

prüfenden Anspruchsgrundlagen oder dem Prüfungsschema einer Klage ergeben sich dann die Feinheiten der Gliederung. Welche Form der Untergliederung man wählt (ob Buchstaben und Zahlen kombiniert: A, I, 1, a) aa) oder ob nur ein Zahlensystem: 1, 1.1, 1.1.1) ist gleichgültig; wichtig ist, dass man die einmal gewählte Form konsequent beibehält.

Niederschrift

Nach einem Drittel der Arbeitszeit sollten die Lösungsskizze und die Gliederung stehen, dann empfiehlt es sich, mit der Niederschrift zu beginnen. Nehmen Sie sich auf jeden Fall diese Zeiteinteilung vor! Abstriche in Richtung auf einen späteren „Schreibstart" stellen sich meistens von ganz alleine ein. Zu vermeiden ist jedenfalls das Ärgernis, die Klausur vorzüglich gelöst und durchdacht zu haben, aber dann nur die Hälfte hinschreiben zu können. Wenn Sie an irgendeinem Problem nicht weiterkommen, das nicht unabdingbar für die Gesamtlösung ist, schieben Sie es lieber auf. Wenn Sie die Niederschrift des Restes beendet und noch Zeit übrig haben, können Sie sich noch immer näher damit befassen.

Der Zeitdruck sollte auch bei der Ausführlichkeit der Niederschrift im Hinterkopf bleiben. Natürlich muss der Subsumtionsvorgang wiedergegeben werden, aber das darf nicht dazu führen, jede Selbstverständlichkeit auszubreiten. Wenn der Sachverhalt die Tatsache mitteilt, dass eine Kündigung ausgesprochen wurde, dann darf nicht über die vorangegangenen Willenserklärungen nach §§ 145 ff. BGB spekuliert werden, denn dann liegen die wirklichen Probleme ganz woanders. Das „Echoprinzip" schlägt sich insoweit wieder bei der Benotung nieder – nur die sachgemäße Gewichtung in der Klausurlösung führt zum Bestehen bzw. zu guten Noten. Darüber hinaus führt eine falsche Schwerpunktbildung unweigerlich zu neuen Zeitproblemen.

Von Vorbemerkungen, welcher Art sie auch seien mögen, ist prinzipiell abzusehen. Aufbau und System einer Arbeit müssen aus sich heraus verständlich sein. Vorbemerkungen sind meistens ein Zeichen dafür, dass der Verfasser die Arbeit ungenügend strukturiert hat.

Zeichnen Sie Ihre Klausur durch die Verwendung der gebotenen juristischen Terminologie aus und vermeiden Sie alle laienhaften Ausdrücke. Formulieren Sie knapp und präzise.

Unerlässlich ist der Gutachtenstil. Das heißt: Man darf nie das Ergebnis vorwegnehmen, sondern es muss im Konjunktiv darauf hingeführt werden. Andererseits sollte bei Selbstverständlichkeiten die Subsumtion auf ein Minimum reduziert werden.

Alle Behauptungen, Zwischen- und Endergebnisse sollten mit betreffenden Paragraphenzitaten versehen werden. Die beste Argumentation hilft nichts, wenn sie „in der Luft hängt". Außerdem geben Sie dem Korrektor die Gelegenheit, hinter Ihre so untermauerten Ergebnisse ein Häkchen machen zu können.

Bemühen Sie sich um eine leserliche Schrift. Die Bedeutung der äußeren Form bei Klausuren wird häufig unterschätzt, doch kann man ihren Stellenwert gar nicht hoch genug ansetzen. Denn ein Korrektor, der mitunter Hunderte von Klausuren zu bewerten hat, wird zumindest unbewusst von der Form beeinflusst.

Achten Sie stets auf Übersichtlichkeit der Falllösung und stellen Sie Gliederungspunkte deutlich als Überschriften heraus. So merkt auch der Korrektor, dass die Linie stimmt und dass die Schlüsselbegriffe vorhanden sind.

Geizen Sie nicht mit den Absätzen – der Korrektor will nicht 10 oder 20 Seiten Fließtext lesen. Beschreiben Sie das Papier nur einseitig und lassen Sie ein Drittel Rand. So können Sie auf der Rückseite noch Zusätze anfügen.

Nummerieren Sie die Seiten, damit der Korrektor auch beim Auseinanderfallen der Klausur die Reihenfolge nachvollziehen kann. Um letzteres zu vermeiden, ist es sinnvoll, die Klausur mit einem Schnellhefter zusammenzuklammern.

Formalien

5.1.2 Die Hausarbeit

Normalerweise stehen für eine Hausarbeit vier bis acht Wochen zur Verfügung. Das erscheint anfänglich als großzügiger Zeitrahmen, endet jedoch oft in einer der berühmten Fünf-vor-Zwölf-Aktionen. Stellen Sie sich selbst einen realistischen Zeitplan auf.

Der große Unterschied zur Klausur ist, dass bei der Hausarbeit der Zeitdruck nicht in diesem Maße auf dem Bearbeiter lastet. Dem müssen Sie in der Weise Rechnung tragen, dass Sie umso sorgfältiger bei der Ausarbeitung vorgehen.

Es genügt nicht die nackte – wenn auch richtige – Lösung des Falles, gefordert sind Quellennachweise. Das bedeutet zum einen, dass auch relativ eindeutige juristische Bewertungen mit Verweisen auf Lehrbücher (z. B. Larenz: Allgemeiner Teil des BGB), Kommentare (z. B. der „Palandt" zum BGB) oder Zeitschriften (z. B. Neue juristische Wochenschrift – NJW) untermauert werden. Zum anderen wird man aber auf Probleme stoßen, die ohne Literaturstudium überhaupt nicht lösbar sind. Diese Rechtsprobleme sind dann auch meistens umstritten. Nicht sinnvoll ist es, nach dem ersten Lesen der Aufgabe gleich in die Bibliothek zu stürzen, um Berge von Entscheidungen und Aufsätzen zu kopieren, die entweder gar nichts mit dem Thema zu tun haben oder letztendlich gar nicht gelesen werden.

Literatur – der Unterschied zur Klausur

Formalien

Versuchen Sie sich zuerst nur mit dem Gesetz und eventuell mit einem Standardkommentar. Zu diesem Zeitpunkt werden häufig die besten Ideen entwickelt. Prüfen Sie stets, ob eine Literaturstelle den zu lösenden Fall betrifft. Auch von „heißen" Ideen der Studienkollegen sollten Sie sich nicht verrückt machen lassen. Setzen Sie auf sich selbst!

Dass Hausarbeiten mit Computer angefertigt werden, ist inzwischen Standard. Außerdem ermöglichen Textverarbeitungssysteme eine ansprechende Textformatierung, Seitenaufteilung, Fehlerkorrekturen und vieles mehr.

Jeder Hausarbeit ist das Deckblatt, die Gliederung und das Literaturverzeichnis voranzustellen, sofern nicht ausdrücklich andere Vorgaben gemacht werden. Das Deckblatt enthält Namen, Vornamen und Anschrift des Verfassers. Es folgt das Semester, die Bezeichnung der Übung, der Name des Dozenten etc.

Nach dem Deckblatt kommt die Gliederung. Sie sollte keine ausformulierten Sätze, aber aussagekräftige Überschriften enthalten. Der Korrektor sollte schon aus der Gliederung die Lösung in groben Zügen entnehmen können. Am rechten Rand sind die Seitenzahlen der einzelnen Gliederungspunkte anzugeben.

Auf die Gliederung folgt das Literaturverzeichnis. Es muss alle Quellen enthalten. Lehrbücher und Kommentare müssen mit Autor, Titel, Auflage, Erscheinungsort und -datum zitiert werden. Beispiel: Palandt: Kommentar zum Bürgerlichen Gesetzbuch, 75. Auflage, München, 2016.

Im eigentlichen Gutachten werden die dargelegten Auffassungen mit Fußnoten, die auf die Literaturquellen verweisen, belegt. Gerade bei Kommentaren arbeiten häufig mehrere Autoren mit, so dass auch deren Name auftauchen muss. Beispiel: Palandt-Bassenge § 989 Rn. 3.

Die fertiggestellte Hausarbeit sollte in einem Schnellhefter oder spiralgeheftet abgegeben werden.

5.2 Fallbeispiel: Der abgelehnte Vereinseintritt

Sachverhalt Poet will als Mitglied dem Verein „Fröhliches Beisammensein" beitreten. Poet ist den meisten Vereinsmitgliedern einschlägig dafür bekannt, dass er nicht nur trinkfreudig, sondern auch schlagfreudig ist. Er ist schon mehrfach bei öffentlichen Veranstaltungen dadurch aufgefallen, dass er Streit suchte und Schlägereien anfing. Ob er wegen seines Verhaltens bestraft wurde, ist unklar, bekannt ist aber, dass er schon häufiger von der Polizei aus Festen herausgeholt und abgeführt wurde.

Poet stellt einen förmlichen Mitgliedsantrag an den Vorstand des Vereins. Er versichert darin außerdem, dass er den

Mitgliedsbeitrag pünktlich zahlen und sich satzungsgemäß verhalten will. Er weist darauf hin, dass ihm Vorstandsmitglied Rabe eine wohlwollende Behandlung seines Beitrittsgesuchs in Aussicht gestellt hat.

Der Vorstand des Vereins kann sich nicht auf einen einstimmigen Beschluss einigen. Er beruft eine Mitgliederversammlung ein mit dem einzigen Tagesordnungspunkt „Beitritt eines Mitglieds". Die Mitgliederversammlung berät und beschließt anschließend, den Beitritt abzulehnen. Die Satzung enthält lediglich die Regelung, dass über die Aufnahme eines Mitglieds der Vorstand oder – falls dieser nicht entscheidet – die Mitgliederversammlung entscheidet.

Der Vorstand teilt Poet die Entscheidung der Mitgliederversammlung schriftlich ohne Angabe von Gründen mit.

Poet möchte wissen, ob er den Verein auf Aufnahme verklagen kann.

Lösungsvorschlag Poet könnte einen Anspruch auf Aufnahme in den Verein haben, wenn der Verein aufgrund der Satzung oder einer vertraglichen Vereinbarung zur Aufnahme verpflichtet wäre.

1. **Anspruch aus Satzung**
   Aus der Satzung des Vereins ergibt sich, dass der Vorstand oder die Mitgliederversammlung im konkreten Einzelfall über die Aufnahme eines Mitglieds entscheidet. Daraus wird deutlich, dass es sich bei einem Aufnahmeantrag eines potenziellen Mitglieds lediglich um einen Antrag auf Abschluss eines Vertrags – nämlich des Rechtsverhältnisses Mitgliedschaft – handelt. Der Beitritt ist erst dann vollzogen, wenn der Verein durch sein durch Satzung bestimmtes Organ diesen Antrag annimmt.
   Aus der Satzung ergibt sich daher kein Rechtsanspruch auf Beitritt.
2. **Anspruch aus Vertrag**
   Poet könnte aus der wohlwollenden Versicherung des Vorstandsmitglied Rabe einen Rechtsanspruch auf Annahme seines Beitrittsgesuchs haben. Die Äußerung des Rabe ist aber kein Vorvertrag, aus dem Poet einen Rechtsanspruch auf Mitgliedschaft herleiten könnte. Denn Rabe wollte nicht abschließend über die Mitgliedschaft des Poet entscheiden. Er hat ihm lediglich seine Befürwortung zugesichert, wollte die endgültige Entscheidung aber allein dem Verein überlassen.
3. **Anfechtung der Entscheidung des Vereins**
   Die Aufnahme in den Verein könnte Poet auch dadurch erreichen, dass er die Entscheidung der Mitgliederversammlung anficht.

Nach der Satzung des Vereins entscheidet über einen Beitritt der Vorstand oder die Mitgliederversammlung. Diese Regelung könnte unter Umständen unwirksam sein, weil nicht klar erkennbar ist, in welchen Fällen welches Vereinsorgan entscheidet. Allerdings kann Poet hieraus keine Rechte herleiten, da er kein Mitglied ist und die Satzung daher für ihn noch keine Anwendung findet. Er kann die Satzung daher nicht als unwirksam angreifen und damit den Beschluss der Mitgliederversammlung zu Fall bringen. Im Übrigen würde dies Poet nichts nützen. Denn oberstes Vereinsorgan und im Zweifel damit immer entscheidungsbefugt ist die Mitgliederversammlung. Diese hat aber im konkreten Fall die Aufnahme abgelehnt. Dazu war sie auch im Rahmen der Vereinsfreiheit befugt. Denn jeder Verein kann in freier Verantwortung unter dem Schutz der Artikel 9, 3 GG entscheiden, welche Personen Mitglieder des Vereins werden sollen. Aus diesem Grund kann Poet im Ergebnis die Entscheidung der Mitgliederversammlung, sein Beitrittsgesuch abzulehnen, nicht anfechten.

Poet kann den Verein daher nicht auf Aufnahme verklagen.

5.3 Fallbeispiel: „Schadenersatz" des Vorstandes

Sachverhalt Der Imkerverein „Fleißiges Bienchen" besteht seit 1980. Er ist in der Umgebung als zuverlässiger Verein bekannt, der nicht nur seine Mitglieder gut betreut, sondern auch zahlreiche Veranstaltungen für die Allgemeinheit durchführt. Der Verein gilt bei den ortsansässigen Geschäftsleuten auch als zuverlässiger Vertragspartner, der seine Verpflichtungen stets pünktlich erfüllt.

Im Mai 2009 wählt der Imkerverein einen neuen Vorstand. Der bisherige Vorstand wird entlastet.

Im August 2009 erteilt der neue Vorsitzende einem ortsansässigen Handwerker den Auftrag, ein neues Vereinsheim für insgesamt 50.000 € auf dem vereinseigenen Grundstück zu erstellen. Der Handwerker macht sich sofort an die Arbeit, das Vereinsheim steht nach wenigen Wochen. Nach Abnahme des Werkes durch den amtierenden Vorstand stellt der Handwerker eine Rechnung über 50.000 €.

Der Verein hat aber nur noch über ein verfügbares Vermögen von 25.000 €. Dieses überweist der Vorstand an den Handwerker und bittet bezüglich des Restbetrags um Stundung bis 2010, bis Eingang der Mitgliederbeiträge für das Jahr 2010.

Der Handwerker ist jedoch nicht willens bis 2010 auf sein Geld zu warten. Was kann er tun?

5.3 · Fallbeispiel: „Schadenersatz" des Vorstandes

Lösungsvorschlag Der Handwerker hat zweifellos einen Anspruch auf Zahlung der vollen Rechnungssumme gegen den Verein. Er muss sich hinsichtlich des noch nicht bezahlten Betrags von 25.000 € nicht auf 2010 vertrösten lassen, da der Vorstand als Vertreter des Vereins das Werk abgenommen hat und dem Handwerker damit der volle Werklohn zusteht.

Ob der Handwerker neben dem Verein den handelnden Vorstand in Anspruch nehmen kann, hängt davon ab, ob es sich um einen rechtsfähigen oder um einen nicht rechtsfähigen Verein handelt.

1. **Rechtsfähiger Verein**
   Beim rechtsfähigen Verein haftet der Vorstand nur dann dem Handwerker noch persönlich, wenn er eine zum Schadenersatz verpflichtende Handlung vorsätzlich begangen hat.
   Dies könnte der Fall sein, wenn der Vorstand in Kenntnis der fehlenden Mittel den Auftrag allein aus dem Grund vergeben hat, um den Handwerker zu schädigen.
   Hiervon kann aufgrund der Sachverhaltsschilderung nicht ausgegangen werden.
   Der Handwerker kann daher den Vorstand nicht persönlich belangen, sondern kann nur den Verein als Vertragspartner in Anspruch nehmen. Denn ein rechtsfähiger Verein wird nach außen allein durch den ordnungsgemäß gewählten Vorstand vertreten und muss für dessen Handlungen haften. Für eine nicht ordnungsgemäße Vorstandswahl liefert der Sachverhalt keine Anhaltspunkte.
   Der Verein seinerseits kann möglicherweise das handelnde Vorstandsmitglied auf Schadenersatz in Anspruch nehmen, z. B. wenn für die Auftragsvergabe kein Beschluss der Mitgliederversammlung vorlag.

2. **Nicht rechtsfähiger Verein**
   Beim nicht rechtsfähigen Verein haftet neben dem Vereinsvermögen nach § 54 Satz 2 BGB der für den Verein Handelnde noch persönlich. Handelt es sich beim Verein „fleißiges Bienchen" um einen nicht eingetragenen Verein, kann der Handwerker neben dem Verein noch das handelnde Vorstandsmitglied in Anspruch nehmen und von diesem die Begleichung des Restbetrags fordern.
   Der Handwerker kann durch eine Anfrage beim Vereinsregister feststellen, ob der Verein eingetragen ist oder nicht. Nur wenn er die Auskunft erhält, dass es sich um einen nicht eingetragenen Verein handelt, kann er vom handelnden Vorstandsmitglied Zahlung verlangen.
   Das Vorstandsmitglied kann dann vom Verein Ersatz seiner Aufwendungen verlangen, unter Umständen aber nur, wenn er durch einen Beschluss der Mitgliederversammlung zur Erteilung des Auftrags berechtigt war.

Lösungsvorschlag

Serviceteil

Glossar – 144

© Springer-Verlag GmbH Deutschland 2017
R. J. Bährle, *Vereinsrecht – Schnell erfasst,* Recht – Schnell erfasst,
DOI 10.1007/978-3-662-53757-2

Glossar

Annahme des Vorstandsamtes Voraussetzung für wirksame Vorstandsbestellung ▶ Abschn. 2.4.3

Auflösung Beendigung der Vereinstätigkeit ▶ Abschn. 2.8.1

Ausschluss Verlust der Mitgliedschaft veranlasst durch den Verein ▶ Abschn. 2.3.7

Beirat Weiteres Vereinsorgan, muss in Satzung vorgesehen sein ▶ Abschn. 2.3.3

Beitritt Erwerb der Mitgliedschaft ▶ Abschn. 2.3.5

Bestellung Wahl des Vorstandes und Annahme des Amtes durch den Gewählten ▶ Abschn. 2.4.3

Ehrengericht Vereinsschiedsgericht, muss in Satzung vorgesehen sein ▶Abschn. 2.9

Ehrenmitglied Sonderstatus, durch Satzung geregelt und Beschluss der Mitgliederversammlung gewährt. ▶ Abschn. 2.3.2.3

Entlastung Billigung der zurückliegenden Vorstandstätigkeit durch die Mitgliederversammlung ▶ Abschn. 2.4.3

Erfüllungsgehilfe Handelt für den Verein ▶ Abschn. 2.7.1

Gemeinnützige Zwecke Können als Vereinszweck zur Anerkennung als gemeinnützig führen ▶ Abschn. 2.4.2

Gemeinnützigkeit Voraussetzung für Steuervergünstigungen ▶ Abschn. 2.4.1

Gründungsmitglieder Gründen nicht rechtsfähigen oder rechtsfähigen Verein; mindestens drei bzw. sieben erforderlich ▶ Abschn. 2.1.2

Kirchliche Zwecke Können als Vereinszweck zur Anerkennung als gemeinnützig führen. ▶ Abschn. 2.4.4

Kündigung Beendigung der Mitgliedschaft, veranlasst durch das Mitglied ▶ Abschn. 2.3.7

Liquidation Abwicklung des Vereins und seines Vermögen nach Auflösung ▶ Abschn. 2.8.1

Liquidatoren Handelnde bei der Liquidation ▶ Abschn. 2.8.1

Mildtätige Zwecke Können als Vereinszweck zur Anerkennung als gemeinnützig führen. ▶ Abschn. 2.4.3

Mitgliederversammlung Oberstes Vereinsorgan ▶ Abschn. 2.4.2

Mitgliedschaft Rechtsverhältnis zwischen Verein und Mitglied ▶ Abschn. 2.3

Nicht rechtsfähiger Verein Verein, der nicht im Vereinsregister eingetragen ist ▶ Kap. 3

Rechtsfähiger Verein Verein, der im Vereinsregister eingetragen ist. ▶ Kap. 2

Rechtsfähigkeit Verein wird juristische Person ▶ Abschn. 2.1.4

Satzung Gesetz des Vereins, Rechtsordnung seines Handelns ▶ Abschn. 2.2.3

Satzungsänderung Änderung bestehender Satzungsregelungen, besondere Mehrheiten in der Mitgliederversammlung notwendig ▶ Abschn. 2.2.5

Satzungsergänzung Hinzufügen neuer Bestimmungen zur Satzung, besondere Mehrheiten notwendig ▶ Abschn. 2.2.5

Schiedsgericht Disziplinarorgan, muss in Satzung vorgesehen sein. ▶ **Abschn. 2.9**

Schiedsordnung Regelt Schiedsgerichtsverfahren ▶ Abschn. 2.9.1

Sitz des Vereins Verwaltungssitz ▶ Abschn. 2.1.5

Sonderrechte Können Mitgliedern durch Satzung eingeräumt werden ▶ Abschn. 2.3.3.3

Sport Kann gemeinnütziger Zweck sein ▶ Abschn. 4.2.12

Tagesordnung „Regieanweisung" für Durchführung der Mitgliederversammlung ▶ Abschn. 2.4.2

Verein Zusammenschluss von Personen zur Verfolgung eines bestimmten Zweckes, hat körperschaftliche Verfassung ▶ Abschn. 1.1

Vereinsrecht, privates Regelungen im BGB für Vereine ▶ Abschn. 1.4

Glossar

Vereinsfreiheit Recht, sich zu einem Verein zusammenzuschließen ▶ Abschn. 1.4

Vereinsgerichtsordnung Regelt Vereinsgerichtsverfahren ▶ Abschn. 2.9.1

Vereinsorgane Vorstand, Mitgliederversammlung und ggf. weitere durch Satzung bestimmte Vereinsorgane ▶ Abschn. 2.4.1

Vereinsrecht, öffentliches Grundgesetz und Vereinsgesetz ▶ Abschn. 1.4

Vereinsregister Verzeichnis der rechtsfähigen Vereine ▶ Abschn. 2.1.5

Vereinsschiedsgericht Rechtsprechungsorgan des Vereins Abschn. 2.9

Vereinsstrafe Disziplinarmaßnahme des Vereins bei Fehlverhalten eines Mitglieds ▶ Abschn. 2.5.2

Vereinstätigkeit Umsetzung des in der Satzung festgelegten Vereinszwecks ▶ Abschn. 2.2.3

Vereinszweck Ziel, das die Personenvereinigung fördern will ▶ Abschn. 1.3

Verrichtungsgehilfe Handelt für den Verein ▶ Abschn. 2.7.1

Vorstand Vertretungsorgan des Vereins ▶ Abschn. 2.4.3

The manufacturer's authorised representative in the EU is Springer Nature Customer Service Centre GmbH, Europaplatz 3, 69115 Heidelberg, Germany. If you have any concerns regarding our products, please contact ProductSafety@springernature.com

Printed and bound by CPI Group (UK) Ltd, Croydon, CR0 4YY

23/03/2026

02076394-0013